常勝トレーダーの儲け続ける！銘柄選び大全

著 二階堂重人
Shigeto Nikaido

徳間書店

はじめに

「必ず儲かる株を知りたい」

株式投資や株トレードをしたことがある方なら、誰しも一度はこのようなことを思った経験があるはずです。おそらく今、この本を手にしている読者の方も、思ったことがあることでしょう。私も過去に何度となく思ったことがあります。

もし、「必ず儲かる株」が次々にわかれば、株式投資や株トレードは連戦連勝です。あっという間に、資産は大きく増えることでしょう。

夢のような話です。

では実際に、「必ず儲かる株」はわかるのでしょうか。

残念ながら、誰にもわからないと思います。

私は株式投資や株トレードを27年間していますが、「必ず儲かる株」がわかる人はいませんでした。私もわかりません。

しかし、「儲かりそうな銘柄」「儲かる確率が高い銘柄」というのはわかります。「銘柄選びのコツ」をつかむことで、誰でもわかるようになると思います。

実際、私はこの原稿を書いている少し前に、「儲かる確率が高い銘柄」がわかり、大きな利益を手にしました。その銘柄は約1カ月間で株価が4倍以上になりました（※この銘柄については本文で解説しています）。

この銘柄については、X（旧：ツイッター）でも取り上げました。

普段はXで個別の銘柄を取り上げることはありませんが、この銘柄は「短期間で株価が大きく上がる」という確信があったので、取り上げたわけです。

もちろん、「推奨銘柄だから買いなさい」というような取り上げ方をしたわけではありません。「この銘柄、いいね」程度で取り上げました。

この銘柄を選んだ理由は、「株価が大きく上昇しやすいパターン」に該当していたからです。このパターンについても、本文で紹介しています。

とくに難しい分析をしたわけではありません。ざっくりとした分析です。

このように、「銘柄選びのコツ」さえつかめば、「儲かりそうな銘柄」「儲かる確率が高い銘柄」がわかるようになるわけです。

本書では、私が27年間の株式投資・株トレード経験で得た「銘柄選びのノウハウ」を書いています。

本書を読んで「銘柄選びのコツ」を身につけ、「儲かりそうな銘柄」「儲かる確率が高い銘柄」を自力で見つけられるようになってください。

二階堂重人

目次

CHAPTER 02
第2章 中長期投資の銘柄選び

CHAPTER 03 第3章 スイングトレードの銘柄選び

CHAPTER 04 第4章 デイトレードの銘柄選び

CHAPTER 04

第5章 スキャルピングの銘柄選び

※投資は自己責任です。本書は資産運用に役立つ情報を提供する目的で編纂されていますが、実際の意思決定はご自身の責任において行ってくださいますようお願いいたします。本書の情報を参考に投資した結果、損失等が発生した場合であっても、著者、出版社、その他関係者は一切の責任を負いません。

カバーデザイン　若松隆
編　　　集　　野口英明
DTP制作　　加藤茂樹

CHAPTER 01

第1章

みんなが知りたいのは「儲かる株」

CHAPTER 01

01

一番知りたいのは「儲かりそうな銘柄」

私はトレードに関する本をたくさん書いてきました。

そのほとんどが、「トレード手法」を書いたものです。

主に、「売買のタイミング」について書いたもの。「こういったタイミング（状況）で買う（売る）」といった内容です。

そうした本をたくさん出してきて、なんとなく感じたことがあります。

それは、「読者が一番知りたいのは売買タイミングではなく、儲かりそうな銘柄ではないか」ということです。

「売買タイミングを見極める方法」も知りたいけれど、それよりも「儲かりそうな銘柄」のほうが知りたい。「儲かりそうな銘柄そのものズバリ（銘柄名）」か「儲かりそうな銘柄の選び方」を知りたいというわけです。

たしかに、「どの銘柄を買うか」は大切です。

投資・トレードで継続して儲けるには、「売買タイミング」と「銘柄選び」の両方が大切だからです。

投資・トレードの時間軸(株を買ってから売るまでのスパン)が長くなるほど、「売買タイミング」よりも「銘柄選び」のほうが重要になる

投資・トレードの時間軸が短くなるほど、「銘柄選び」よりも「売買タイミング」のほうが重要になる

このような考えを持っています。

私自身は時間軸の短いトレードのほうが多く、また、執筆した本も時間軸の短いトレードを対象にしたものが多かったので、「売買のタイミング」について書いたものが多くなったわけです。

「銘柄の選び方」についてはサラッと書いた程度でした。

本書では、「銘柄の選び方」について、初めてガッツリと書きました。

CHAPTER 01

02

他人の推奨銘柄で損をして学んだ

私自身も株式投資を始めた頃は、「儲かる銘柄を知りたい。誰か教えてくれないかな」と思ったことがありました。

丁度そのとき、株式関連の新聞に掲載されていた「投資顧問会社の広告」が目に留まりました。

そして、ある投資顧問会社の会員になりました。

約27年前のことなので、入会金や会費がいくらだったのか、ということは忘れてしまいました。

ただ、最初に教えられた銘柄は覚えています。

三菱化工機（6331）です。

買ってから数日で20円くらい値上がりして、利益が出ました。

「これはすごい。推奨された銘柄を買えば、どんどん儲かる。株取引で一財産を作れる」と思いました。

しかし、その後は損ばかり。推奨された銘柄はことごとく値を下げました。

「こんなことなら、投資する銘柄は自分で決めたほうがいいな」と思うようになりました。

それから、投資・トレードする銘柄は自分で決めるようになりました。

損をしましたが、投資・トレードを始めて早い段階で、「投資・トレードに対する方針」が決まったので、今となっては「良い教訓を学べた」と思っています。

CHAPTER 01

03

買い煽りされた銘柄を買えば儲けられるのか？

株式投資や株トレードの銘柄探しのためにX（旧：ツイッター）を利用している人はけっこういることでしょう。

私は２０１９年６月からXで情報を発信し始めました。トレードした銘柄は書き込むのですが、トレード候補の銘柄や推奨銘柄などは書き込みません。

状況を見極めないで飛びつき買いをしてしまう人がいるからです。

Xを使っていて気付いたのは、「推奨銘柄を書き込んでいるアカウントはフォロワー数が多い」ということです。

「先出し」「買い煽り」のアカウントです。

特定の銘柄について、株価が上がりそうな理由を書き込んでいます。

では、「先出し」「買い煽り」をされている銘柄を買えば儲けられるのでしょうか。

この答えは、「儲けられることもあれば、損をすることもある」です。

フォロワー数の多いアカウントで、売買高の少ない銘柄を推奨すれば、株価が上がりやすくなります。状況次第では急騰します。買い煽りをキッカケに、株価が数倍になることもあります。

このようなことから、推奨された銘柄を買えば簡単に儲けられそうな気がします。

たしかに、簡単に儲かることもあります。

しかし、株価が上がり続けるということはありません。

買い煽られた銘柄はどこかのタイミングで急落することが多いです。

便乗して買った人のほとんどは急落時に逃げ遅れてしまいます。

ほとんどのアカウントでは、「買いどき」は教えても、「売りどき」や「逃げどき」を教えていないからです。

中には、わざと損をさせるために買い煽りをするアカウントもあります。「はめ込み」というやり方です。

自分や自分の仲間がすでに株を持っている。それを売り抜けるために買い煽りをする。

フォロワーが買ってきたタイミングで売り抜けるわけです。

その後、株価は急落することが多いので、買い煽りに乗って買ったフォロワーは損をしてしまいます。

このように、簡単に儲かることもあれば、損をすることもあるわけです。

CHAPTER 01

04 他人の「推奨銘柄」を買って大損した投資家をたくさん見てきた

買い煽りをしている人は、株価が上がれば「まだまだ上がる」「目標株価は○○○○円！」とさらに煽ります。逆に、株価が下がれば「絶好の買い場」「買い増しするチャンス」といって煽ります。

しかし、さらに大きく下がってしまうと、その銘柄についての書き込みをしなくなってしまいます。中には、その銘柄についての書き込みをすべて削除し、「なかったこと」にしてしまう人もいます。


「あの人が絶対に上がるといっているから大丈夫だ」

「あの人もたくさん買っているようだから絶対に上がる」

そんなふうに信じ込むと危険です。

信じれば信じるほど、株価が下がったときに逃げ遅れてしまいます。

過去に、他人の「推奨銘柄」を買って大損した投資家をたくさん見てきました。資金がなくなってしまい、退場してしまった人もいます。

他人に頼らず、自分の判断で銘柄を選びましょう。

CHAPTER 01

05

「銘柄選びのコツ」をつかめば「儲かりそうな銘柄」は誰にでもわかる

「確実に儲かる銘柄」というのは誰にもわからないと思います。

しかし、「儲かりそうな銘柄」「儲かる確率が高い銘柄」というのは、「銘柄選びのコツ」をつかむことで誰でもわかるようになります。「儲かりそうな銘柄」が次々に見つかることでしょう。

自分で儲かりそうな銘柄を見つけることができるようになれば、誰に頼ることもなく、株式投資や株トレードで儲けることができるようになるわけです。

また、継続して儲けることも可能になるでしょう。

そうなれば、もう、買い煽りをしている人たちに惑わされることもなくなるわけです。

本書では、中長期投資、スイングトレード、デイトレード、スキャルピングという4つの投資・トレードスタイルでの「銘柄選びのコツ」をまとめました。
どれも、私が「株取引27年の経験で得たコツ」です。
これを参考にして、読者自身で儲かりそうな銘柄を選べるようになってください。
そうすれば、一生、株で儲けることができるようになるでしょう。

CHAPTER 02

第2章

中長期投資の銘柄選び

CHAPTER 02

01

中長期投資で資産を増やす方法

この章では、「中長期投資における銘柄の選び方」について解説していきます。

まずは、「中長期投資ではどのようにして資産を増やしていけばよいのか」を説明します。

すでに株式投資を始めている方ならわかっていることだと思いますが、「これから投資を始める」「まだ投資を始めたばかり」という読者の方もいると思いますので、説明させてください。

中長期投資で資産を増やす方法は、大きく分けると2通りになります。

①「株式の配当による利益」で増やしていく

②「売買差益」で増やしていく

◆「株式の配当による利益」で増やしていく

これは、株式の「配当金」で利益を狙う方法です。

インカムゲインによる利益です。インカムゲインとは、保有している資産で継続的に得られる収益のことです。株式の配当金のほか、投資信託の普通分配金、預金や債券の利子、不動産の家賃収入などがインカムゲインになります。

有配銘柄であれば、配当金を得られるので、確実に資金は増えていきます。

ただし、資金の増加ペースはゆっくりです。一気に増えるということはありません。

◆「売買差益」で増やしていく

これは「株の売買による差益」で利益を狙う方法です。

買値と売値の差による利益です。

キャピタルゲインによる利益ともいいます。キャピタルゲインとは、主に株式を売却して得られる売買差益のことを指します。債券、不動産、貴金属などの資産の売却で得られる利益も、キャピタルゲインになります。

株価が大きく上昇すれば、大きな利益を得られます。短期間で資産が一気に増えることもあります。

ただし、無配銘柄の場合、株価が上がらなければ、利益を得られません。10年間持ち続けたとしても、「利益なし」ということもあるので、注意が必要です。

◆「配当による利益」と「株価の値上がりによる利益」の両方を狙う

「株式の配当」「売買差益」の両方で利益を狙うのもありです。

配当を得ながら株価の値上がり益も狙います。株価が大きく上昇したら、売却して売却益を得るわけです。もし、株価が上がらなかったとしても、配当金を得られるわけですから、損をする確率は低いといえます。

「自分はどのような方法で資産を増やしていきたいか」ということを決めておいたほうがいいでしょう。

なぜなら、「配当狙い」と「差益狙い」では「銘柄の選び方」が違うからです。

これらの方針は、銘柄ごとに決めてもかまいません。「この銘柄は配当で、この銘柄は売買差益で資産を増やす」というようにしてもいいでしょう。

中長期投資における銘柄の選び方

「株式の配当」で増やしていく

ステップ①
高配当銘柄を探す

↓

ステップ②
業績で絞り込む

↓

ステップ③
財務状況で絞り込む

↓

「自分はどのような企業に投資したいか」を考える

「累進配当銘柄」や「連続増配銘柄」の中から選ぶ

時価総額の大きさで決める

「売買差益」で増やしていく

テーマに関連した銘柄を選ぶ

「社会の変化」に関連した銘柄を選ぶ

日本経済新聞でよく使われるようになったワードに関連した銘柄を選ぶ

国策銘柄を選ぶ

大きく成長しそうな企業の銘柄を選ぶ

CHAPTER 02

02

中長期投資の銘柄選びに必要な情報源

次は、中長期投資の銘柄選びに必要な情報源について解説します。
主な情報源は以下の6つです。

①会社四季報
②株探
③日本経済新聞
④日本取引所グループ（JPX）の「適時開示情報閲覧サービス」
⑤決算書
⑥X（旧：ツイッター）

「①」の会社四季報は、東洋経済新報社が発行する企業情報誌です。証券取引所に上場している全企業の業績、財務内容、注目材料、株価の動きをコンパクトにまとめた季刊雑誌（3月刊、6月刊、9月刊、12月刊）です。企業の業績、財務状況、手がけているサービス・商品などを調べるのに便利です。

「②」の株探は、株式会社ミンカブ・ジ・インフォノイドが運営する株式情報サイトです。企業情報、ニュース、決算、テーマなど、投資やトレードに必要な情報が満載。

「③」の日本経済新聞は、日本経済新聞社が発行する経済紙です。国内外の景気動向や企業業績、設備投資、経営戦略などマクロ・ミクロの経済情報をいち早く報道。社会の流れや社会の変化を捉えるのに役立ちます。

「④」の日本取引所グループ（ＪＰＸ）の「適時開示情報閲覧サービス」は、有価証券の投資判断に重要な影響を与える会社の業務、運営または業績などに関する情報です。

「⑤」の決算書は、一定期間の業績や、資産や負債といった財務状態を表す書類のことです。

「⑥」のＸ（旧：ツイッター）は、リアルタイムの情報を得るのに適しています。得たい情報によって、使い分けましょう。

CHAPTER 02

03

「株式の配当」で資産を増やしていく場合の銘柄選びは3ステップ

では、株式の配当で資産を増やしていく場合の銘柄選びについて解説していきましょう。銘柄選びの流れは以下のようになります。

ステップ① 高配当銘柄を探す

←

ステップ② 業績で絞り込む

←

ステップ③ 財務状況で絞り込む

まず、ステップ①では「より多くの配当金が分配される銘柄」を探します。

これは簡単に探せます。
次のステップ②では、企業の業績で銘柄を絞り込みます。
ステップ①だけでは銘柄数が多いので、絞り込むわけです。
最後のステップ③では、財務状況で絞り込みます。
より安全な銘柄に投資するために、絞り込むわけです。
以上の3ステップで銘柄を選んでいきます。

CHAPTER 02

04

ステップ①　高配当銘柄を探す

ステップ①は「高配当銘柄を探す」です。

では、高配当銘柄は、どのようにして探せばよいのでしょうか。

これは簡単です。「配当利回り」という指標を使えば、簡単に探すことができます。

配当利回りとは、「1株当たりの年間配当金が、株価（投資金額）の何パーセントに相当するか」を示す指標です。

計算式は以下の通りです。

配当利回り（%）＝1株当たりの年間配当金額÷1株購入価額×100

配当利回りが高いほど、「株価に対してより多くの配当金を分配している企業」という

「配当利回り」とは？

「1 株当たりの年間配当金が、
株価（投資金額）の何%に相当するか」を示す指標。

配当利回りの計算式

配当利回り（%）＝
1 株当たりの年間配当金額÷ 1 株購入価額× 100

年間配当が 1 株当たり200 円の株を
株価 5000 円で買った場合の配当利回り。

200（円）÷ 5000（円）× 100 ＝ 4（%）

配当利回りが高い	配当利回りが低い
↓	↓
株価に対して、より多くの配当金を分配している企業	株価に対して、あまり配当金を分配していない企業

ことになります。

◆配当利回りが高い銘柄の調べ方

配当利回りは自分で計算しなくても、「配当利回り ランキング」で検索すれば、配当利回りが高い銘柄のランキングを掲載したウェブサイトがいくつも出てきます。それらを見れば、配当利回りの高い銘柄が簡単にわかります。

おすすめとしては、「配当利回りが5パーセント以上の銘柄」です。この原稿を書いている時点（2025年1月）では136銘柄あります。

配当利回りが高い銘柄の中から、さらに別の条件で絞り込んで、投資対象を選ぶのも一つの手です。

CHAPTER 02
05

ステップ②業績で絞り込む

ステップ②は「業績で絞り込む」です。

「ステップ①」で探した高配当銘柄を業績で絞り込むわけです。

業績が安定している企業の銘柄を選びます。

配当利回りが高くても、業績が悪ければ配当が低くなる可能性があります。「無配になる」ということもよくあります。

そのため、配当利回りの高さだけで投資銘柄を決めるのではなく、業績で絞り込むことも必要になるわけです。

企業の業績を調べる方法はいくつかありますが、おすすめは以下の通りです。

決算書で調べる

会社四季報で調べる

株探で調べる

おすすめは、「株探で調べる」方法です。

企業の決算書は、読むのが難しい。

会社四季報では、最新の情報が載っていないこともあります。

「株探」であれば、過去の決算も最新の決算も見ることができます。

業績で見るところは「売上」と「経常利益」の2ヵ所。

「売上」と「経常利益」が黒字で安定していれば、投資先として「合格」です。

できれば、「売上」と「経常利益」が伸び続けている「増収増益」の銘柄がいいでしょう。

前期に比べて、今期の「売上」と「経常利益」が伸びている。そして、今期に比べて、来期予想の「売上」と「経常利益」が伸びている。このような条件で絞り込みます。

業績で絞り込む

重要なのは「売上」と「経常利益」の２ヵ所

今期の業績予想

通期　業績推移　修正履歴　成長性　収益性　1Q　2Q　3Q　4Q

決算期	売上高	営業益	経常益	最終益	修正1株益	修正1株配	発表日
	△2000年3月期～2020年3月期を表示						
2021.03	111,801	7,165	7,258	4,697	94.9	16	21/05/14
2022.03	112,118	5,516	5,590	3,714	76.6	18	22/05/13
2023.03	118,721	4,736	4,957	3,160	66.7	18	23/05/12
2024.03	118,060	5,473	5,707	3,793	79.9	42	24/05/10
予 2025.03	126,000	6,000	6,100	3,900	84.3	85	25/02/06
前期比	+6.7	+9.6	+6.9	+2.8	+5.4		(%)

出所：株探

売上　経常利益

「売上」と「経常利益」が黒字で安定していれば、
投資先として合格！
できれば、「売上」と「経常利益」が伸び続けている、
「増収増益」の銘柄がいい

決算内容を調べるなら
「株探」がおすすめ！

CHAPTER 02

06 ステップ③ 財務状況で絞り込む

ステップ③は「財務状況で絞り込む」です。

「ステップ①」で探した高配当銘柄を、「ステップ②」で業績で絞り込み、さらに「ステップ③」で財務状況で絞り込むわけです。

いくら高配当で、業績が安定していても、財務状況が悪ければ、投資先としては不安があります。

そのため、財務状況で絞り込むわけです。

財務状況を調べる方法はいくつかありますが、詳しく調べるのは大変なので、サッと調べる方法を紹介します。

使うのは会社四季報です。

会社四季報で「自己資本比率」を見ます。

「自己資本比率」で絞り込む

自己資本比率とは、総資本のうち純資産が占める割合を表した指標。

自己資本比率＝自己資本÷総資本× 100（%）

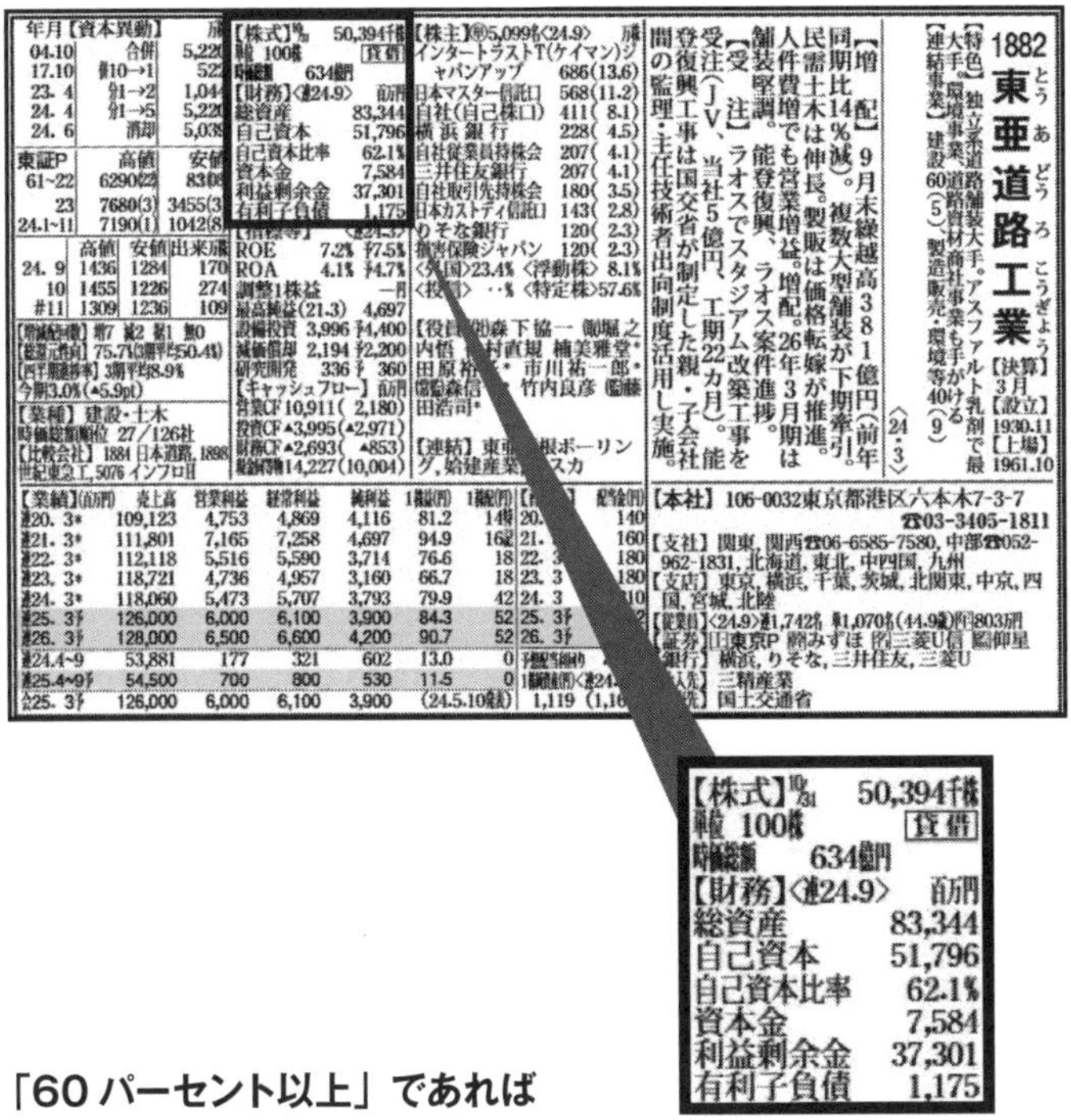

【株式】10/31 50,394千株
単位 100株 【貸借】
時価総額 634億円
【財務】〈連24.9〉 百万円
総資産 83,344
自己資本 51,796
自己資本比率 62.1%
資本金 7,584
利益剰余金 37,301
有利子負債 1,175
1882
東亜道路工業

「60パーセント以上」であれば
「投資先として合格」といってもよい！

出所：会社四季報2025年1集新春号（東洋経済新報社）

自己資本比率とは、会社の総資本のうち純資産が占める割合を表した指標です。
計算式は以下の通りです。

自己資本比率＝自己資本÷総資本×１００（％）

数値が高いほど、「財務的に安全性が高い企業」だと判断できます。
目安の数値は業種によってさまざまですが、「60パーセント以上」であれば、「投資先として合格」といってもよいでしょう。

CHAPTER 02
07
「自分はどのような企業に投資したいか」を考える

ステップ①からステップ③までの作業で銘柄を絞り込んできました。

しかし、まだまだ銘柄数は多いと思います。

ここから先の絞り込みには、条件がありません。

読者自身で、「自分はどのような企業に投資したいか」ということを考えて決めてください。

たとえば、以下のような企業です。

自分の生活に深く関わっている企業
何かの製品でトップシェアになっている企業
他社が真似できないような技術を持っている企業

参入障壁が高いビジネスを手掛けている企業

企業の事業内容は、会社四季報の「特色」の項目に書かれています。

また、気になった企業は公式サイトも見てみましょう。具体的にどのような事業をしているのかがわかるはずです。

CHAPTER 02

08 「累進配当銘柄」や「連続増配銘柄」の中から選ぶ

配当狙いの投資では「配当利回りの高い銘柄」に投資するわけですが、配当はずっと同じ額をもらえるとはかぎりません。

業績によって変動することもあります。

多くなる分にはかまわないのですが、少なくなると利回りが下がってしまいます。

なるべく配当を減らさない企業の株、できれば配当を増やす企業の株に投資したいものです。

では、「なるべく配当を減らさない企業の株」「できれば配当を増やす企業の株」はどのようにして見つければよいのでしょうか？

これは「**累進配当銘柄**」や「**連続増配銘柄**」というワードで検索すると、簡単に見つけることができます。

累進配当銘柄とは、配当金を減配しなかったり、利益に応じて増やし続けている銘柄のこと。

連続増配銘柄とは、配当金が増加し続けている銘柄のことです。

インターネットを使って検索すると、該当する株を一覧にしたウェブサイトがあるはずです。

該当する株の中から、「配当利回り」「業績」「事業内容」「財務内容」などで絞り込むといいでしょう。

もちろん、累進配当銘柄や連続増配銘柄は、将来的な配当を保証するものではありません。配当が減ったり、なくなったりすることもあるので、注意してください。

CHAPTER 02

09

一生持ち続けるかもしれない銘柄は時価総額の大きさで決める

「10年、20年、もしかしたら一生、持ち続けるかもしれない」というのであれば、「大型株」を選ぶのも一つの手です。

ステップ①からステップ③までの作業で絞り込んだ銘柄の中から、時価総額の大きさで決めます。

時価総額が大きいということは、「企業の価値や規模が大きく、市場から高い評価を受けている」と捉えることができます。投資先としては魅力的です。

知名度が高ければ、なお良し、です。

CHAPTER 02
10

「売買差益」で増やしていく

ここからは、「売買差益を狙った銘柄選び」について解説していきます。
「将来的に株価が大きく値上がりしそうな銘柄」に投資します。
選び方はいくつかありますが、以下の三つがおすすめです。

- **投資家の注目度が高くなりそうなテーマに関連した銘柄を選ぶ方法**
- **「社会の変化」で大きなお金が流れ込みそうな銘柄を選ぶ方法**
- **大きく成長しそうな企業を選ぶ方法**

投資家の注目度が高くなったテーマに関連した銘柄は、株価が大きく値上がりする可能性があります。買値の数倍になることもあります。10倍以上になることもあるでしょう。

また、「社会の変化」で大きなお金が流れ込みそうな銘柄は、短期間で大きく値上がりする可能性が高くなります。数ヵ月で買値の数倍になることもあります。

あるいは、企業が大きく成長すれば、株価が大きく値上がりする可能性が高くなります。こちらも、買値の数倍になることもあります。10倍以上になることもあるでしょう。

大きく成長しそうな企業に投資するのは、ある意味、「株式投資の王道」といえるかもしれません。

「株式の配当で資産を増やしていく場合の銘柄選び」に比べると難しいですが、その分、こちらのほうが資産を大きく増やせる可能性が高いです。

CHAPTER 02

11

投資家の注目度が高くなりそうなテーマに関連した銘柄を選ぶ方法

では、「投資家の注目度が高くなりそうなテーマに関連した銘柄を選ぶ方法」から解説していきましょう。

株式市場では、その時々によって、注目を集めている「旬のテーマ」があります。「トレンド」のようなものです。

たとえば、「生成ＡＩ」の普及によって半導体の需要が急激に高まると、株式市場では「半導体」「半導体関連」が注目を集めるテーマになります。

仮想通貨の価格が大きく上昇すると、株式市場では「仮想通貨」が注目を集めるテーマになります。

テーマに絡んだ株は「買いたい」という人が多くなり、株価が上がりやすくなります。

そのため、「投資家の注目度が高くなりそうなテーマ」をいち早く察知し、それに便乗することで、儲けることができるのです。

なんだか難しいように思えますが、それほど難しくはありません。

この後の項目で、「注目度が高くなりそうなテーマの探し方」や「テーマに関連した銘柄の探し方」を解説します。

初心者の方でもできるようになると思います。

CHAPTER 02

12 「注目度の高いテーマ」の調べ方

では、「注目度の高いテーマ」はどのようにして調べればよいのでしょうか。調べる方法は複数あります。主な調べ方は以下の三つです。

①株探
②X（旧：ツイッター）
③株式投資関連の雑誌

◆株探

最も簡単なのは33ページでも紹介した「株探」を使う方法です。
株探のトップページの下のほうに「人気テーマのランキング」があります。この項目を

「注目度の高いテーマ」は簡単にわかる

株探の「人気テーマのランキング」で

「量子コンピューター」が 1 位

人気テーマ【ベスト30】

［日本株｜米国株］テーマランキング(3日間アクセス)

2025年01月01日 10時00分

1	量子コンピューター	エヌエフHD、フィックスターズ、日本電信電話
2	ペロブスカイト太陽電池	積水化学工業、ENEOS、パナHD
3	人工知能	バークシャ、HEROZ、ソフトバンクグループ
4	サイバーセキュリティ	FFRIセキュリティ、セキュアヴェイル、ラック
5	データセンター	フジクラ、三菱重工業、日立製作所
6	半導体	ルネサス、ローム、富士電機
7	ビッグデータ	富士通、NTTデータグループ、ホットリンク
8	防衛	三菱重工業、東京計器、石川製作所
9	TOPIXコア30	トヨタ自動車、三菱UFJ、日本電信電話
10	2024年のIPO	キオクシア、アルピコHD、タイミー
11	生成AI	アドバンテスト、ソフトバンクグループ、日立製作所
12	防災	不動テトラ、ウェザーニューズ、ライト工業
13	半導体製造装置	東京エレクトロン、アドバンテスト、スクリン
14	JPX日経400	フジクラ、アドバンテスト、トヨタ自動車
15	円高メリット	ENEOS、王子ホールディングス、ANAホールディングス

出所：株探

X でも「量子コンピューター」についてのポストを
よく見かけるようになった

これらのことから、本書執筆時点（2025 年 1 月）で、
「注目度の高いテーマ」は「量子コンピューター」だ
ということが簡単にわかる

見れば、その時々の人気テーマがすぐにわかります。「各テーマのリンク」をクリックすれば、そのテーマに関連した銘柄も一覧で表示されます。

「人気テーマのランキング」から「多くの人に買われそうなテーマ」を選び、そのテーマに絡んだ銘柄を狙っていくのも一つの手です。

◆X(旧:ツイッター)

Xでも調べることができます。テーマに関連した情報をポストしているアカウントがたくさんあります。それらをフォローしておきましょう。

複数のアカウントで取り上げられているテーマは「注目度の高いテーマ」です。

◆株式投資関連の雑誌

株式投資関連の雑誌でも調べることができます。

株式投資関連の雑誌では「注目度の高いテーマ」を特集記事に取り上げていることが多いです。その記事を読めば、「注目度の高いテーマ」がわかります。

これら三つの方法をすべて使って調べましょう。

この原稿を書いている時点（２０２５年１月）では、「量子コンピューター」が「注目度の高いテーマ」になっているようです。

株探の「人気テーマのランキング」では「量子コンピューター」が1位になっています。

Xでも「量子コンピューター」についてのポストをよく見かけるようになりました。

このように、「注目度の高いテーマ」は簡単にわかります。投資に活かしましょう。

CHAPTER 02

13 ひねりは不要！「そのテーマの主役株」を狙えばいい！

「注目度の高いテーマ」がわかったとしましょう。

では、そのテーマの中から、どの銘柄に投資すればよいのでしょうか。

テーマに関連した銘柄は複数あるはずです。それらのすべてに分散投資するのもよいのですが、たいがいは1～3銘柄に絞り込んで（厳選して）投資します。

ほとんどの人は、「株価が最も大きく上がりそうな銘柄」を探そうとします。

もちろん、最も大きく上がりそうな銘柄がわかるのであれば、その銘柄に投資すればよいでしょう。

わからない場合は、そのテーマにおける「主役」「牽引役」を探してください。

どのテーマでもそうですが、必ずといっていいほど、「主役」や「牽引役」といえるような銘柄があります。

「このテーマといえば、これ」というような銘柄です。

テーマをどんどん引っ張っていくような銘柄。

たとえば、「データセンター関連株であれば、この銘柄」「量子コンピューター関連株であれば、この銘柄」というように決まっているわけです。

ストレートに、この銘柄を狙います。

主役ですから、当然、注目度が高い。注目度が高いから、投資資金が集まってくる。だから、株価が大きく上がる。

ひねりは不要。「そのテーマの主役株」を狙えばいいわけです。

CHAPTER 02

14 【実例解説】レーザーテック（6920）

では、実際の例をチャートを使って解説します。

ここ1、2年ではAIやデータセンター向けの半導体需要が急増したため、「半導体」や「半導体製造装置」が投資家・トレーダーの注目度が高いテーマになりました。

「半導体」や「半導体製造装置」の関連株は多数ありますが、中でもレーザーテック（6920）が投資家・トレーダーに人気がありました。

次ページのチャートは、レーザーテックの週足チャートです。

2023年10月に2万円台だった株価は、2024年1月に4万円を超えました。

時価総額1兆円を超えるような銘柄の株価が、短期間で2倍になったわけです。

このように、投資家・トレーダーの注目度が高いテーマに関連した銘柄は、大きく値上がりすることがあります。

そのテーマの主役株を狙う

レーザーテック（6920）
週足チャート

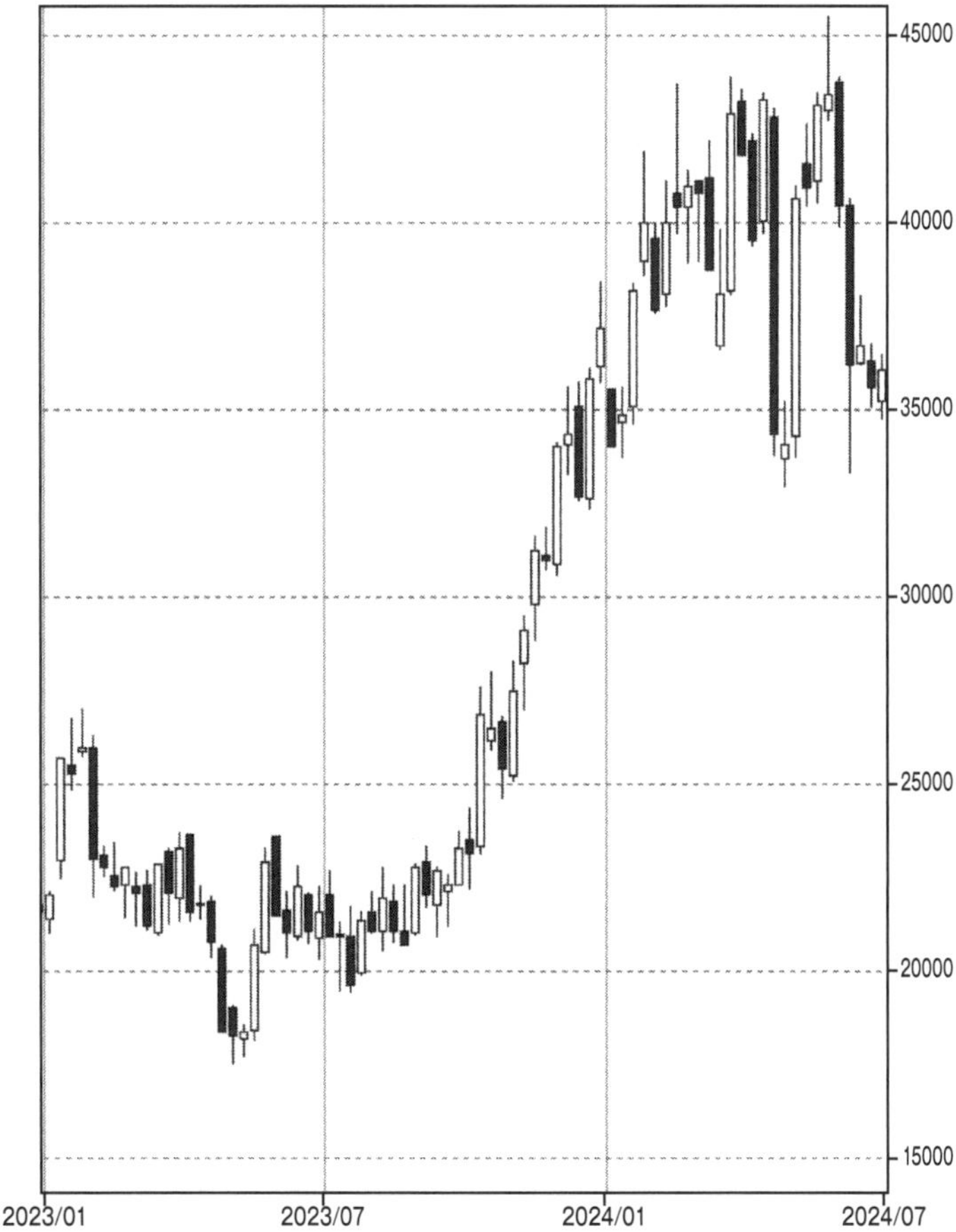

CHAPTER 02

15

テーマに乗り遅れてしまった場合

「テーマに乗り遅れてしまった」ということもあるでしょう。

テーマによってはトレンドが数カ月間続くことがあります。

そのため、乗り遅れてしまった場合は、「トレンドがまだ続きそうかどうか」をよく見極めましょう。

また、テーマに関連した銘柄で、まだ大きく上がっていない銘柄を探すのも一つの手です。

出遅れ感の強い銘柄です。

ただし、テーマとの関連性が薄いと、株価があまり上がらないので注意しましょう。

実際の例を一つ見てみましょう。

生成ＡＩの普及にともない、データセンターの需要が高まりました。

まだ大きく上がっていない銘柄を狙う！

データセクション（3905）
週足チャート

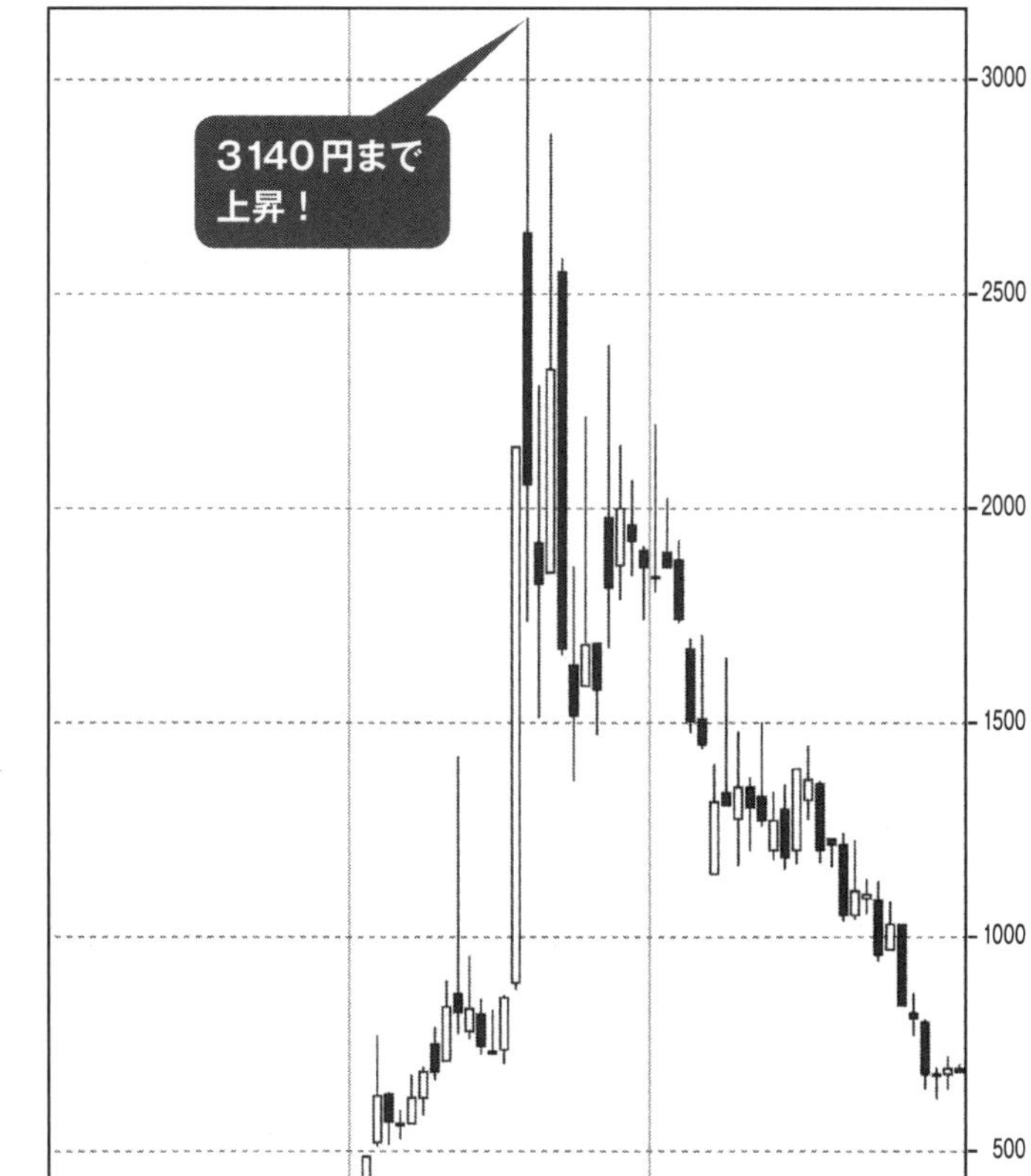

これにより、「データセンター」が投資家・トレーダーの注目度が高いテーマになりました。

「データセンター」の関連株は多数ありますが、さくらインターネット（３７７８）が投資家・トレーダーに最も人気がありました。

しかし、この銘柄の上昇に乗り遅れてしまった人もたくさんいました。

乗り遅れた人たちは、他のデータセンター関連銘柄を投資先にしました、データセクション（３９０５）もその一つです。

前ページのチャートはデータセクションの週足チャートです。

２０２３年12月に２００円台だった株価は２０２４年4月に３１００円を超えました。

このように、乗り遅れた場合はテーマに関連性が高い銘柄で、まだ大きく上がっていない銘柄を狙いましょう。

CHAPTER 02 16

テーマには「旬」がある

「注目度の高いテーマ」に関連した銘柄は、買われ始めると長い期間、株価が上昇します。数週間、数ヵ月、テーマによっては1年以上といった長い期間、株価が上昇します。

しかし、いつかは株価が下がります。

テーマには「旬」があります。旬を過ぎてしまえば、「買いたい、持ちたい」と思う人が少なくなり、株価が下がり始めてしまうわけです。

実際の例を見ておきましょう。

2023年の後半から「半導体関連のテーマ」が市場の注目を集めました。

アドバンテスト（6857）、ディスコ（6146）、レーザーテック（6920）、東京エレクトロン（8035）などの、国内を代表するような半導体関連株が軒並み買われました。

2024年の3月、4月くらいになると、「半導体関連株に投資していれば、毎日のように資産が増えていく」といった状況になりました。

Xを見ていると、半導体関連株についての話が頻繁にポストされていました。

しかし、6月、7月になると、半導体関連株の多くが値下りし始めます。

個人投資家に人気があったレーザーテックも、5月23日に4万5500円の高値をつけた後、株価が下落し始めました。

そして、この原稿を書いている時点（2025年2月）では、高値の約3分の1である1万5000円になっています。

このように、どんなにいいテーマでも旬があります。旬を過ぎたら「買いたい、持ちたい」と思う人が少なくなり、株価が下がり始めてしまうわけです。

ですから、旬が過ぎたと思われるテーマの株は買わない。持っていれば、手放すようにしましょう。

暴落時は「直近で好材料が出た銘柄」を狙う！

レーザーテック（6920）週足チャート

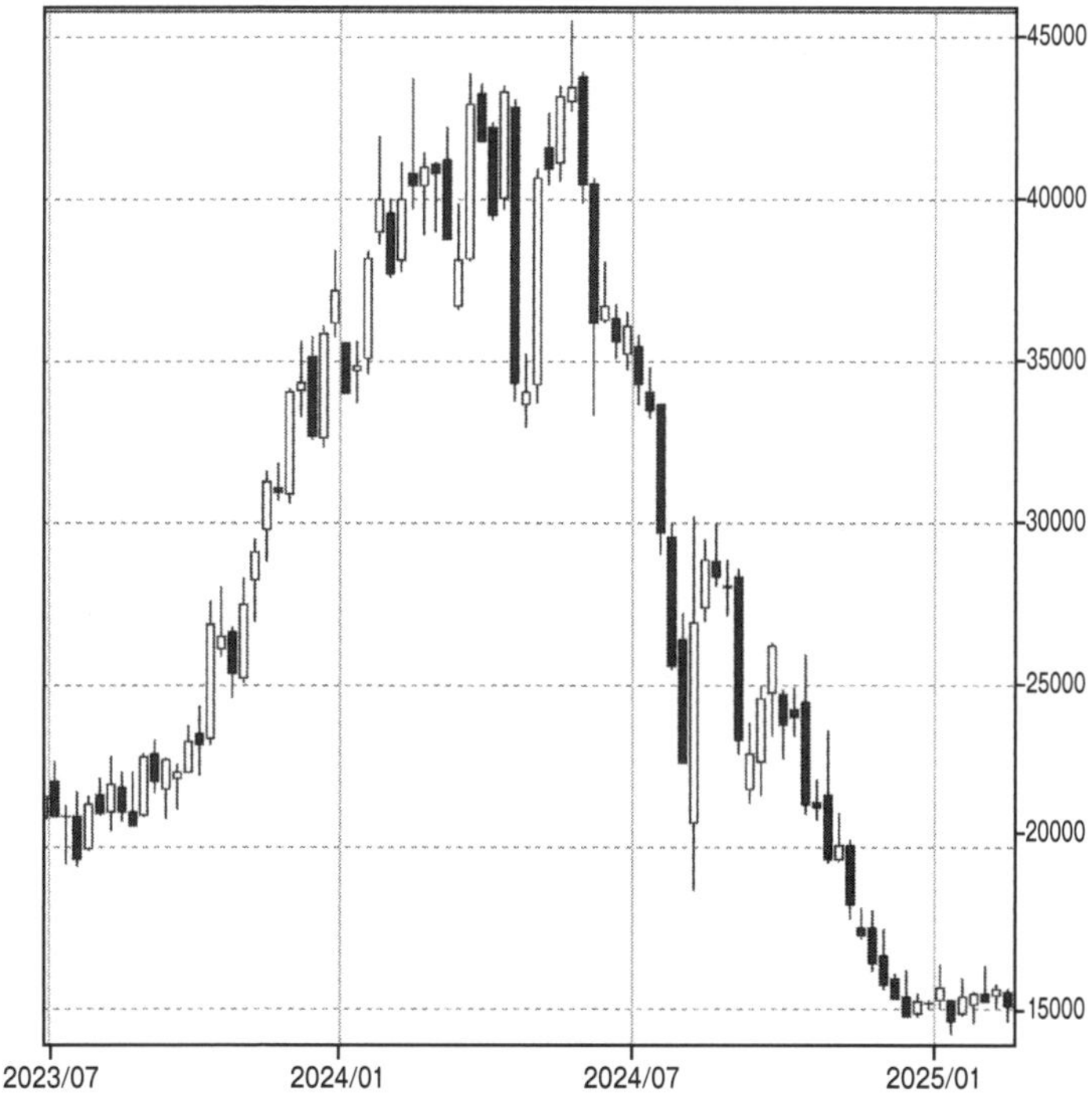

2024年 5月の高値 4万5500円

2025年 2月には 1万5000円まで下落！

CHAPTER 02

17

テーマごとに上昇しやすい銘柄をデータとしてまとめておく

テーマ株を狙う人は、日頃からテーマごとに上昇しやすい銘柄をまとめておきましょう。

どのテーマも関連銘柄がたくさんあります。テーマによっては100銘柄以上あります。

それらのすべてが上昇するわけではありません。上昇する銘柄はかぎられています。

たとえば、「暗号資産のテーマ」であれば、メタプラネット（3350）、リミックスポイント（3825）、フィスコ（3807）など。

「宇宙開発のテーマ」であれば、QPS研究所（5595）やアストロスケールホールディングス（186A）などです。

これらのかぎられた銘柄をデータとしてまとめておくわけです。

1冊のノートにまとめておくことをおすすめします。

テーマごとに大きく上昇した銘柄を書いておく。

あるテーマが注目されるごとに書いていけば、データがどんどん蓄積されていきます。

また、時間があるときに、興味があるテーマの関連銘柄について「事業内容」を調べておくといいでしょう。テーマに関連性が高い事業をしているほど、株価は上昇しやすいからです。

このようにしてデータを蓄積していけば、あるテーマが注目されたときに、上昇しやすい銘柄をいち早く買うことができます。

CHAPTER 02

18 「社会の変化」によって株価が大きく上がる

売買差益で儲けるには、株価が買値よりも上がらなくてはなりません。当然のことです。

では、株価が上がるためには、何が必要なのでしょうか。

これはいろいろありますが、主なところでは以下の四つです。

①業績の変化
②配当の変化
③投資家・トレーダーの注目度の変化
④社会の変化

これらの要因が株価を大きく動かします。

これら四つの中で、もっとも株価を大きく上げるのは、「④社会の変化」だと思っています。

社会が変化する④
↓
変化によって、ある企業に大きなお金が流れ込む
↓
その企業の業績が上がる①
↓
業績が上がることによって、投資家・トレーダーの注目度が高まる③
↓
株価が大きく上がる
↓
株価が大きく上がることで、投資家・トレーダーの注目度がさらに高まる③
↓

株価がさらに大きく上がる
↓
業績が上がることで、配当も高くなる（②）
↓
株価爆上げ！

大きなお金というのは、社会の変化がないと、なかなか企業に流れ込みません。社会の変化があれば、企業に大きなお金が流れ込み、業績も、配当も、投資家・トレーダーの注目度も変化させられるわけです。

当然、株価は大きく上がります。

このような視点から、「社会の変化」や「社会の流れ」を捉えることが大切になります。

CHAPTER 02

19 「社会の変化」によって「大きなお金」が流れてきそうな銘柄を探す

「社会の変化」や「社会の流れ」を捉えただけでは、株で儲けられません。「社会の変化」や「社会の流れ」によって、「大きなお金」が流れてきそうな銘柄を探すことが大切です。

例をあげてみましょう。

「コロナウイルスが流行った」という社会の変化が起きました。

この変化によって、どの企業に大きなお金が流れ込みそうか、ということを考えます。

「生活上、マスクが必要になった」ということから、「マスクを製造している企業」に大きなお金が流れ込みそうだ、ということが考えられます。

実際、マスクを製造している企業の株は大きく上がりました。

このように、「社会の変化」や「社会の流れ」によって、「大きなお金」が流れてきそうな銘柄を探します。

「社会の変化」が大きいほど、大きなお金が流れ込みやすくなります。株価も大きく上がりやすくなります。

CHAPTER 02

20 日本経済新聞でよく使われるようになったワードから「儲かる株」がわかる

私自身、ITバブルの頃、中小の証券会社のフロアに入り浸っていたことがありました。当時、すでにネット取引ができるようになってはいたのですが、リアルタイムで情報を得るのは大変でした。

情報を提供しているところがかぎられていましたし、また、インターネットの速度が遅かったので、大変だったわけです。

証券会社のフロアでは、情報端末を使ってリアルタイムで情報を得ることができました。そのほか、資料もたくさん置いてありましたし、担当の営業マンがいろいろと調べてくれました。

そのため、入り浸っていたわけです。

フロアには、私のほかにも数人の「常連さん」がほぼ毎日のようにいました。皆、私よりも一回り以上、年上でした。

そのうちの一人の方から、「日経新聞を読みなさい」とよくいわれました。フロアには株式の業界紙が2紙置いてあったので、そちらはしっかりと読んでいました。具体的な銘柄について書いてあったからです。「値上がりする銘柄がわかりそう」と思って、一生懸命に読んでいました。

しかし、それらを読んでいると、「その新聞よりも、この新聞を読みなさい」と、手に持っている日本経済新聞を差し出し、

「隅から隅まで読まなくていい。最近、よく使われるようになったワードを拾いなさい」

といったアドバイスを受けました。

まだインターネットでたくさんの情報を得られる時代ではなかったので、日本経済新聞は「重要な情報源」だったわけです。

「重要だけど、全部を読む必要はない。最近、よく使われるようになったワードがわかれば、社会の変化がわかる。そこから、株に結び付けることができれば、儲けられる」

このようなアドバイスを受けました。

◆よく使われるようになったワードで「社会の変化」がわかる

「社会の変化」や「社会の流れ」は当然、新聞の記事になります。変化が大きければ大きいほど、記事になる回数が増えます。

また、「今までになかったような変化」「今までになかったような流れ」には、「今までにあまり使われなかったワード」が使われるようになります。

そのため、「よく使われるようになったワード」を拾っていけば、「今、社会にどういった流れができているのか」「今、社会にどのような変化が起きているのか」がわかるわけです。

あとは、「その変化、その流れによって、どの企業に大きなお金が流れそうか」を考えれば、「儲かる株」がわかるわけです。

たとえば、２０２３年の後半から、日本経済新聞の記事の中で「生成ＡＩ」という言葉が頻繁に使われるようになりました。とにかく、この言葉を目にしない日はない、といってもいいくらいです。

このことから、「社会に生成ＡＩが普及していく変化が起きている」ということがわかります。

そして、生成ＡＩの普及に欠かせない、「半導体」「データセンター」「ＡＩサービス」などに関連した株が買われ、株価が大きく上昇しました。

このように、日本経済新聞を読んで「よく使われるようになったワード」を拾っていけば、「社会の流れ」「社会の変化」「お金の流れるところ（企業）」がわかり、「儲かる株」もわかるわけです。

日本経済新聞を読むときは最近、「よく使われるようになったワード」を拾う

↓

ワードを拾うことで、「今、社会にどういった流れができているのか」「今、社会にどのような変化が起きているのか」ということがわかる

↓

「その変化、その流れによって、どの企業に大きなお金が流れそうか」ということを考える

↓

「儲かる株」がわかる！

CHAPTER 02 21

国策銘柄は買っておきたい

中長期の投資をするなら、「こういった銘柄は絶対に買っておきたい」というものがあります。

それは「国策銘柄」です。

国策銘柄とは、以下のような銘柄のことです。

政策に大きく関わったビジネスを手掛ける銘柄
国と一緒になって、大きなプロジェクトを進める銘柄
国から大きな支援を受けて、大きなプロジェクトを進める銘柄

株式相場には「国策に売りなし」という格言があるくらいです。これは、国の政策に絡んだ業種や銘柄は株価が上がりやすいという意味です。

大きなお金が流れてくる可能性が高いので、株価が大きく上がる可能性が高くなります。また、長期間にわたって株価が上がり続けるということもよくあります。

私がよく情報を交換している投資家の一人は、国策銘柄だけに投資しています。小さなテーマに関連した銘柄には、一切投資しません。狙うのは国策銘柄だけ。全体相場が暴落したときなどに国策銘柄だけを買い集め、高いパフォーマンスを叩き出しています。

このような投資戦略もありだと思います。

CHAPTER 02

22

国策銘柄を探す2つの方法

国策銘柄は投資先として魅力があります。

「今すぐにでも投資したい」と思った方も多いことでしょう。

では、国策銘柄はどのようにして探せばよいのでしょうか。

これには複数の方法があります。

おすすめの方法は、以下の2つです。

①国策銘柄についてまとめられたウェブサイトで探す

②日本経済新聞を使って探す

◆国策銘柄についてまとめられたウェブサイトで探す

一つ目の方法は、ウェブサイトで探す方法です。

インターネットを使い、「国策銘柄」と検索すると、国策銘柄についてまとめられたウェブサイトをいくつも見つけることができます。

国策のテーマごとにまとめられているサイトが多いので、とてもわかりやすいです。初心者の方でも、国策銘柄を簡単に探すことができるでしょう。

ただし、初動で買うのは難しくなります。ウェブサイトにまとめられるのは、株価がある程度上がってからになるので、初動ではなかなか買えないわけです。株価の上昇に乗り遅れることもあります。

◆日本経済新聞を使って探す

二つ目の方法は、日本経済新聞を使って探す方法です。

先に伝えておきますが、この方法は少し難しいです。

ただし、初動で買えることが多くなります。

日本経済新聞を読み、「政策の変更」や「国が立ち上げるプロジェクト」の記事を探します。そして、政策の変更や国のプロジェクトによってお金が流れてきそうな企業(銘柄)を考えます。

難しいですよね。

しかし、国策銘柄は大きく値上がりする可能性があるので、初動で買えれば、大きな利益を得られることになります。

この他の方法としては、株式投資関連の雑誌を使う方法があります。特集記事としてまとめられていることがあるので、それらを参考にします。

ただし、この方法も初動で買うことが難しくなります。

CHAPTER 02

23 【実例解説】さくらインターネット（3778）

では、国策銘柄を実例で見てみましょう。

ここ数年で株価が最も大きく上昇した国策銘柄は、さくらインターネット（3778）でしょう。

2023年11月、「デジタル庁が政府クラウドの提供事業者に同社を選定」という材料が出ました。

そのときには1200円くらいだった株価が、2024年3月には11000円近くまで上がりました。わずか4ヵ月で株価は9倍以上になったわけです。

このように、国策に絡んだ株は大きく値上がりすることがあります。見つけたら、積極的に狙っていきましょう。

国策銘柄として株価が大きく上がった例

さくらインターネット（3778）
週足チャート

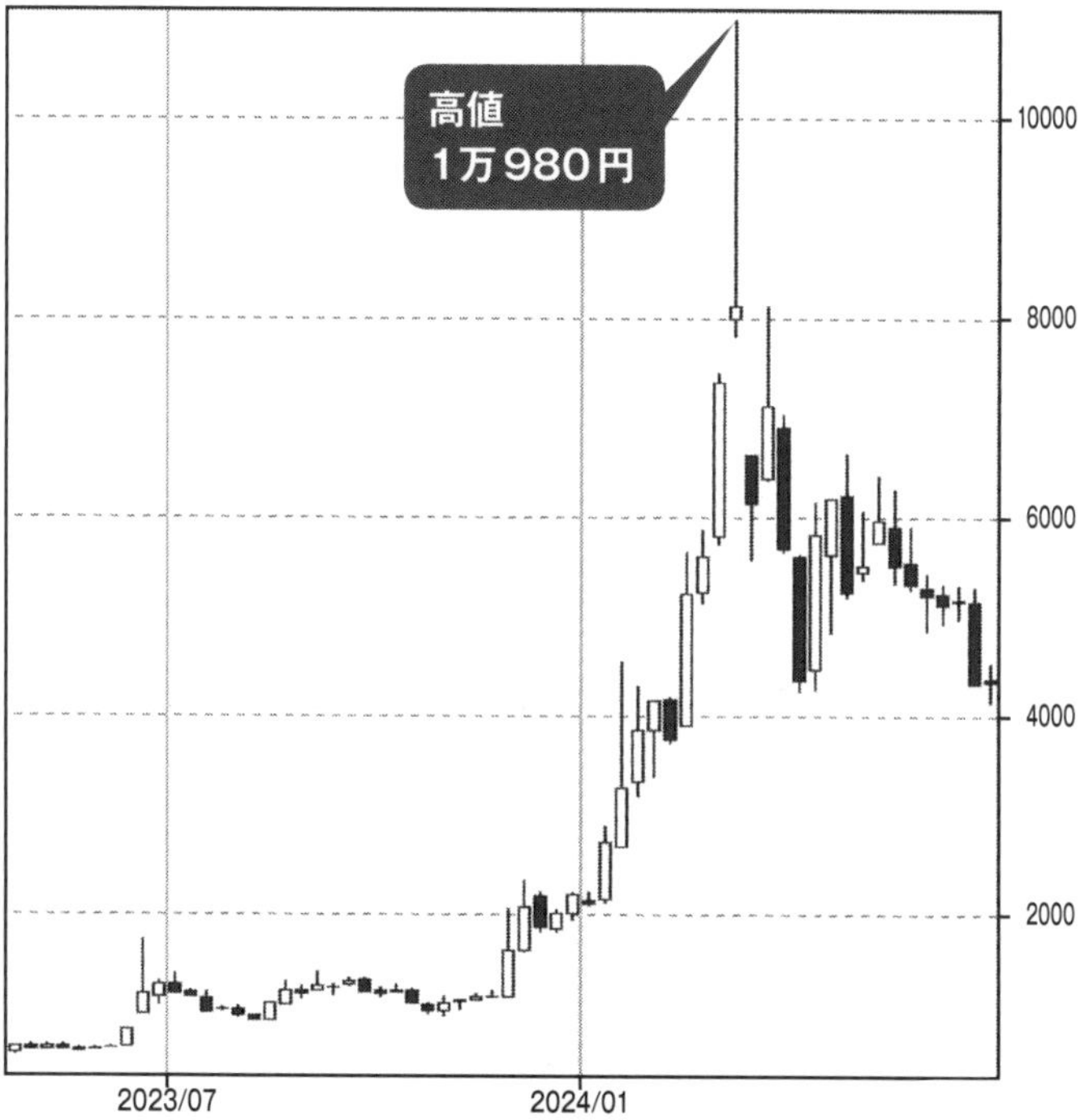

2023年11月の株価は約1200円

2024年3月には11000円近くまで上昇

わずか4ヵ月で株価は9倍以上！

CHAPTER 02

24 大きく成長しそうな企業を選ぶ方法

次は「大きく成長しそうな企業を選ぶ方法」についてです。

これは「将来的に売上が大きく伸びそうな企業」を探します。

身近なところで探したほうがいいでしょう。

たとえば、新しいサービスで、「こういうサービスは需要が増えていくのではないか」というのを見つけます。

自分でサービスを利用してみて、あるいは周りの人が利用した感想を聞いて、その感想を手掛かりにします。

同様に、新しい商品で、「こういうサービスは売れるのではないか」というのを見つけます。

そうしたサービスや商品を提供している企業が上場していれば、投資してみるのもいいでしょう。

また、「将来的に、社会はこうなるのではないか」という想像から、売上が大きく伸びそうな企業を見つけるのもいいでしょう。

「感性」や「想像力」も必要になると思うので、なかなか難しいと思います。

ただ、常に意識していれば、ふと閃くこともあるでしょう。

CHAPTER 02

25 興味を持ったセクターやテーマの知識を深めると「儲かる銘柄」がわかる

「株式投資が上手くなりたい」と思ってる方はたくさんいることでしょう。

株式投資がうまくなる方法はいくつかあります。

その一つは、「自分が興味を持っている特定のセクターや特定のテーマに詳しくなる」方法です。

セクターとは「業種」と捉えていいでしょう。テーマについては先ほど説明した通りです。特定の業種や特定のテーマに詳しくなるということです。

たとえば、ある方は「商社株」でポートフォリオを組んで資産を大きくしていました。

その方は商社に勤めていた経験から、商社株に興味を持ち、知識を深めていったようです。

また、ある方は「半導体関連株」で資産を大きくしていました。「半導体のテーマ」に興味があったようで、知識を深めていったようです。

私自身は株式投資とは関係なく、「生成ＡＩ」に興味を持ちました。「生成ＡＩによって社会がどのように変わっていくのだろう？」ということに興味を持ち、本をたくさん読んだり、インターネットで関連記事をたくさん読んで、知識を深めていきました。

「生成ＡＩの知識で株で儲けよう」と思ったわけではなかったのですが、知識が豊富になるにつれて、値上がりしそうな「生成ＡＩ関連株」がわかってきました。それらの銘柄を少しずつ買い集めていくと、株価が短期間で大きく上がり、それなりの利益を手にしました。

このように、自分が興味を持ったセクターやテーマの知識を深めていくと、「儲かりそうな銘柄」がわかるようになります。

「商社とか、半導体とか、生成ＡＩは難しそうだな」ということであれば、「ゲーム」や「ラーメン」でもいいでしょう。ゲームが好きなら「ゲーム関連株」、ラーメンが好きなら「ラーメンに関連した株」でもいいわけです。

特定のセクターや特定のテーマに興味を持ったら、知識を深めてみましょう。

CHAPTER 02

26 全体相場が暴落したときは「株を安く買うチャンス」

ここからは、全体相場が暴落したときの銘柄選びについて解説しましょう。

全体相場が暴落したときは、中長期の投資家にとって「株を安く買うチャンス」になります。

中長期の投資が上手な人の買い方を調べると、「**買いたい株をリストアップしておき、暴落時に買う**」というスタンスで投資しています。

買いたい株をリストアップしても、すぐには買わない。

全体相場が暴落して、安くなったときに買うわけです。

もちろん、全体相場がどこまで下がるか、ということは誰にもわかりません。

リーマン・ショック（2008年）やコロナ・ショック（2020年）のときのように、数ヵ月間、下落が続くこともあります。

株を安く買うチャンス！

日経平均株価
週足チャート

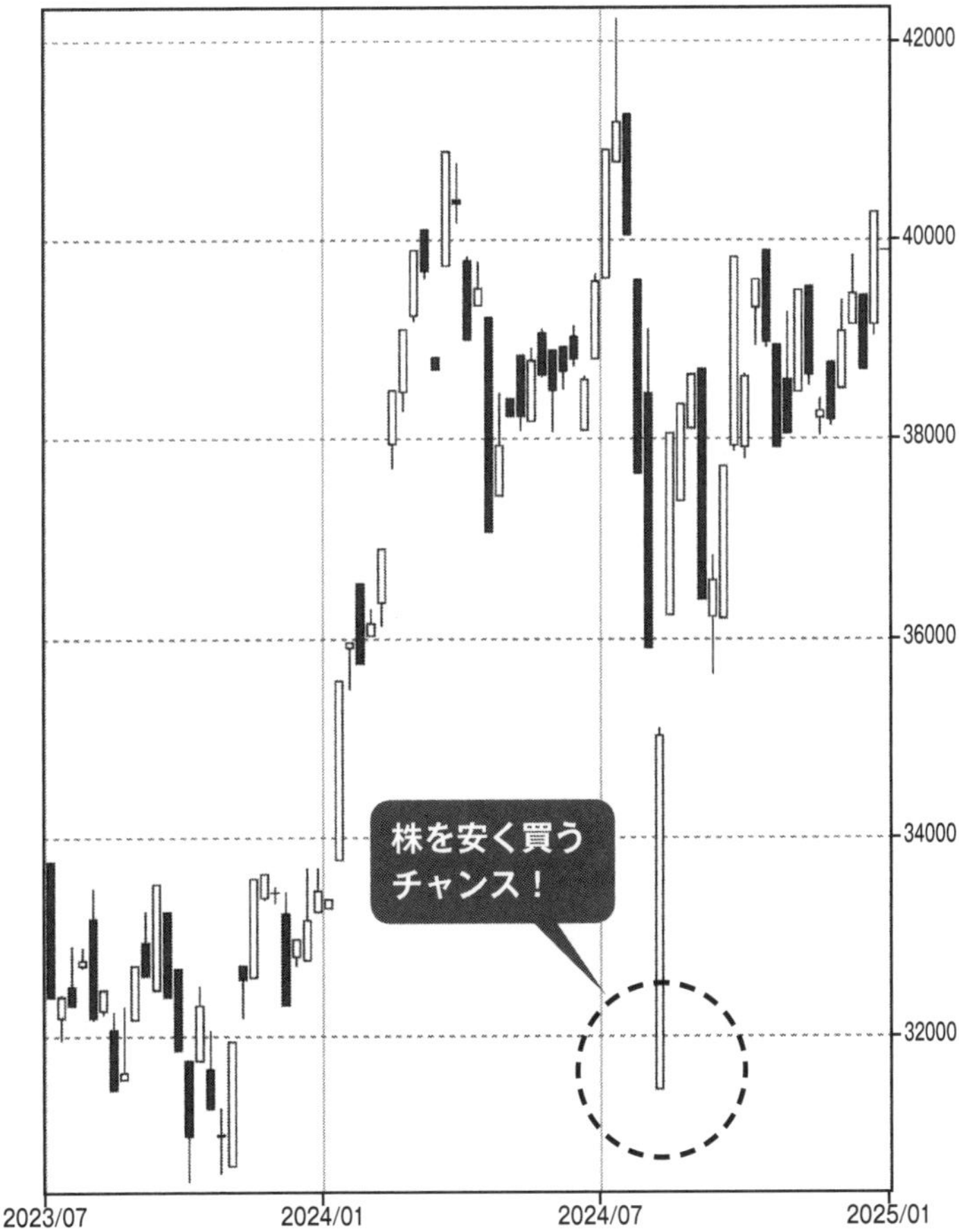

そのため、買うときには十分注意が必要です。

少しずつ買う
下げ止まりを確認してから買う

というような買い方がいいでしょう。

CHAPTER 02

27 ひねりは不要！ 暴落時は「世界的に有名で、業績が安定している企業の株」を狙えばいい！

では、全体相場が暴落したときはどのような銘柄を狙えばよいのでしょうか。

全体相場が暴落するときは、外国人投資家が株式市場から資金を引き上げます。持ち株を売るわけです。

そして、全体相場の暴落が終わると、引き上げていた資金をまた市場に入れます。外国人投資家の資金は大きいので、「彼らが引き上げた資金をどの銘柄に戻すか」ということを考えましょう。資金を戻す銘柄は、株価も大きく戻すと考えられます。

ひねりは必要ありません。

世界的に有名で、業績が安定している企業の株

これです。

たとえば、任天堂（７９７４）、トヨタ自動車（７２０３）、三菱ＵＦＪフィナンシャル・グループ（８３０６）、ファーストリテイリング（９９８３）などです。

読者の皆さんもよく知っている企業でしょう。

このような「世界的に有名で、業績が安定している企業の株」の中から、「暴落時の下落幅や下落率が大きい銘柄」を優先的に選びましょう。下落幅や下落率が大きければ、暴落が終わった後の上昇幅や上昇率も大きくなりやすいからです。

日足チャートや週足チャートなどで下落幅や下落率を調べて、最終的な投資先を決めましょう。

世界的に有名な企業で、業績が安定している企業の株

三菱UFJフィナンシャル・グループ（8306）週足チャート

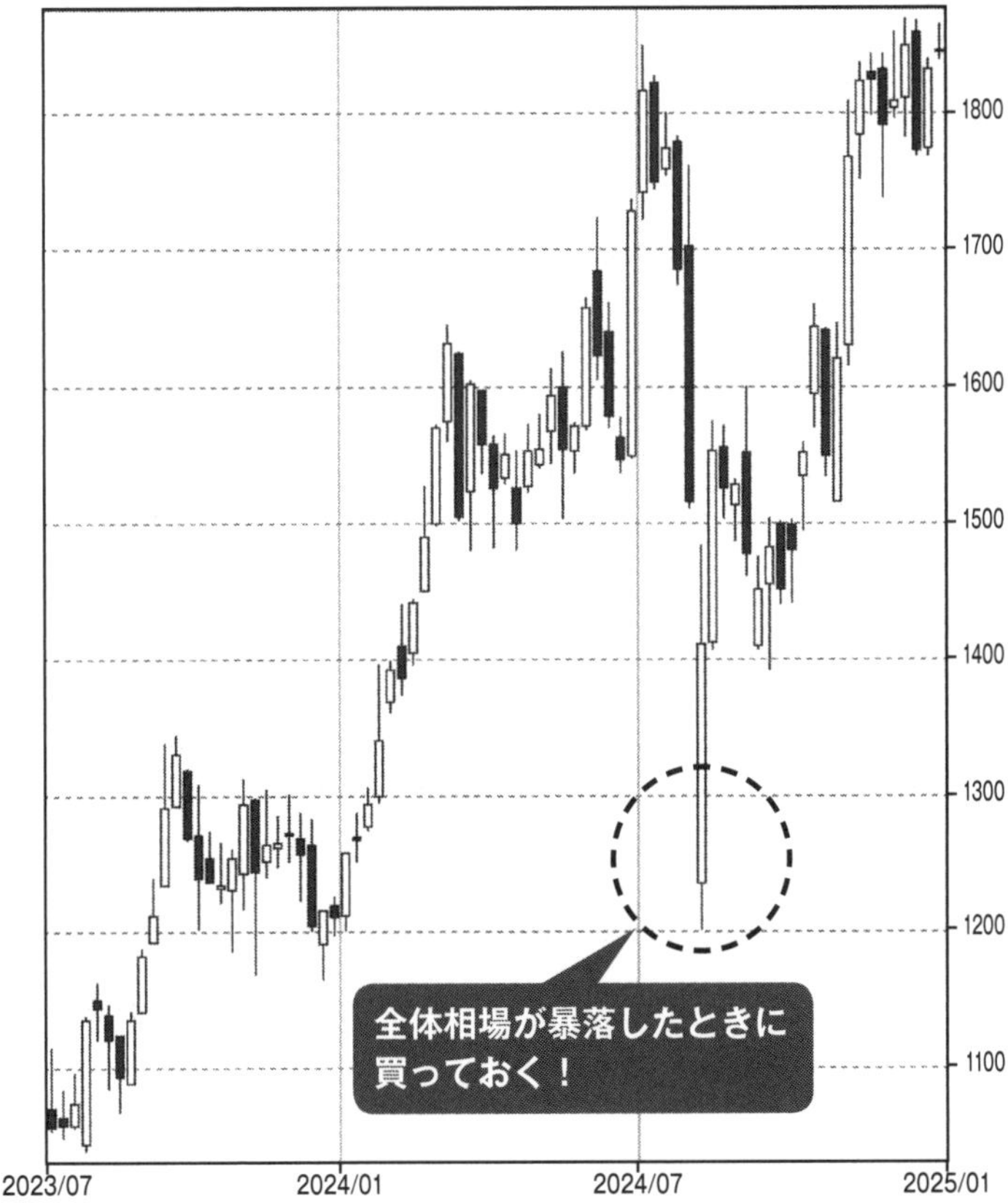

CHAPTER 02

28 全体相場が暴落したときは「配当利回りが高くなった銘柄」を狙う！

全体相場が暴落しているときは、「配当利回り」をベースにして銘柄を選ぶのも一つの手です。

（配当額がそのままという条件であれば）株価が下がれば、配当利回りが上がります。

全体相場の暴落による影響で株価が大きく下がり、配当利回りが高くなった銘柄を狙うわけです。

たとえば、以下のような銘柄です。

暴落前の配当利回りが5パーセント台だったが、暴落によって6パーセント台や7パーセント台になった銘柄

暴落前の配当利回りが4パーセント台だったが、暴落によって5パーセント台や6パー

セント台になった銘柄

「配当利回り5パーセント以上」「配当利回り6パーセント以上」という条件で銘柄を選ぶ投資家が多いので、暴落が落ち着けば買われやすくなるでしょう。

安全性も考えて、配当利回りが高くなった銘柄の中から、時価総額が大きくて、知名度の高い企業の銘柄を絞り込むとなおいいでしょう。

CHAPTER 02

29

全体相場が暴落したときに狙いたい「国策銘柄」

全体相場が暴落したときには、前述した「国策銘柄」でよい銘柄があれば買っておきたいところです。

80ページでもさらりと書きましたが、私がよく情報を交換している投資家の一人は、国策銘柄だけに投資しています。「安心して持っていられる」「パフォーマンスが高い」というのが投資する理由だそうです。

たしかに、国策に関わっている企業の銘柄ですから、よくわからない企業に投資するよりも安心でしょう。また、国策銘柄はうまくいったときに株価が大きく上がります。数倍になることもよくあります。

この知人ですが、普段はあまり株を買いません。新聞を読んで新しい国策銘柄を見つけたとしても、そのときに買うのは少しだけだそうです。

暴落時に国策銘柄を買っておく！

三菱重工業（7011）
週足チャート

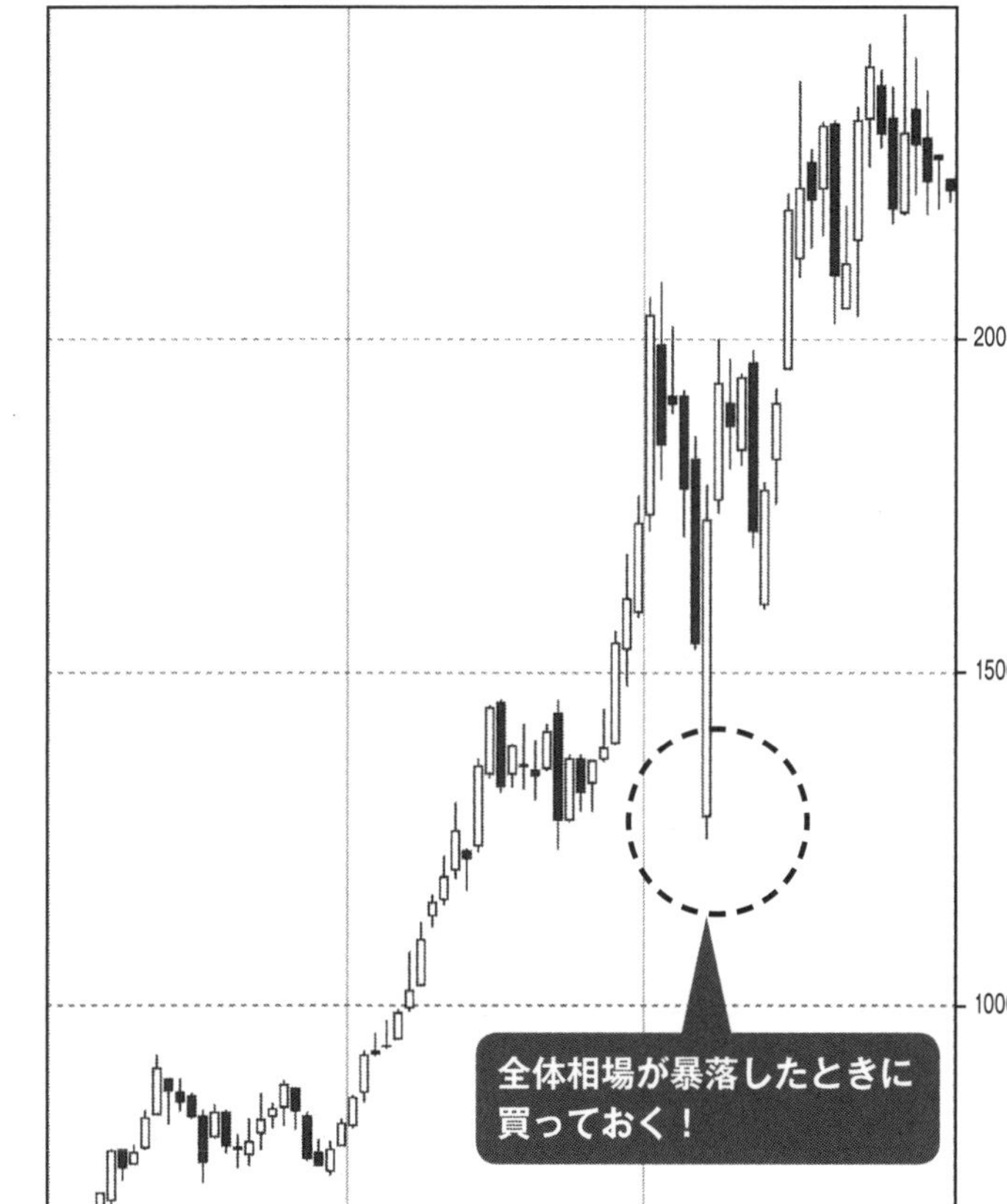

この知人が一気に株を買うのは、全体相場が暴落したときです。

普段から国策銘柄のリストを作っておき、暴落したときに買い集めるわけです。

さまざまな買い方を試してみた結果、この買い方が一番パフォーマンスが高いということがわかったようです。

この知人と同じように、普段から国策銘柄のリストを作っておき、全体相場が暴落したときに買い集めるのも一つの手法です。

CHAPTER 03

第3章

スイングトレードの銘柄選び

CHAPTER 03

01 スイングトレードでは「旬の銘柄」を選ぶ

この章ではスイングトレードの銘柄選びについて解説していきます。

スイングトレードとは、2～14日程度で決済するトレードのことです。

そのため、スイングトレードでは数日間で株価が上がる銘柄を狙います。できれば、数日間続けて上昇するような銘柄がいいでしょう。

これは「旬の銘柄」です。

「旬」については、「中長期投資の銘柄選びの章」の52ページでも解説しました。「旬のテーマ」についてでした。

スイングトレードでは、もう少しスパンの短い「旬」を狙います。

この場合の旬はいろいろありますが、主に以下の2つです。

①株価材料が出た
②社会の出来事に絡んだ

株価が数日間も上がり続けるには、それなりの理由が必要です。

何かがないと、数日間も上がりません。

この「何か」というのはいろいろありますが、主なものとしては「株価材料（※以下、材料と略します）」や「社会の出来事」があるというわけです。

「株価材料」や「社会の出来事」については、この後の項目で詳しく解説します。

CHAPTER 03

02

材料が出て株価が大きく動きそうな銘柄を選ぶ

では、「材料」から解説していきましょう。

材料とは、株価に影響を与えるようなニュースのことです。

たとえば、「新しい製品の販売を開始する」「新しいサービスの提供を始める」「ある企業と業務提携をする」といったニュースです。

このような材料によって、株価が大きく動くことはよくあることです。また、材料によっては数日間、数週間、株価が大きく動きます。

例を一つ紹介しましょう。

次ページのチャートは、ｎｏｔｅ（５２４３）の日足チャートです。

２０２５年１月14日の取引終了後に以下のような材料が出ました。

材料が出て株価が約5.5倍！

note（5243）日足チャート

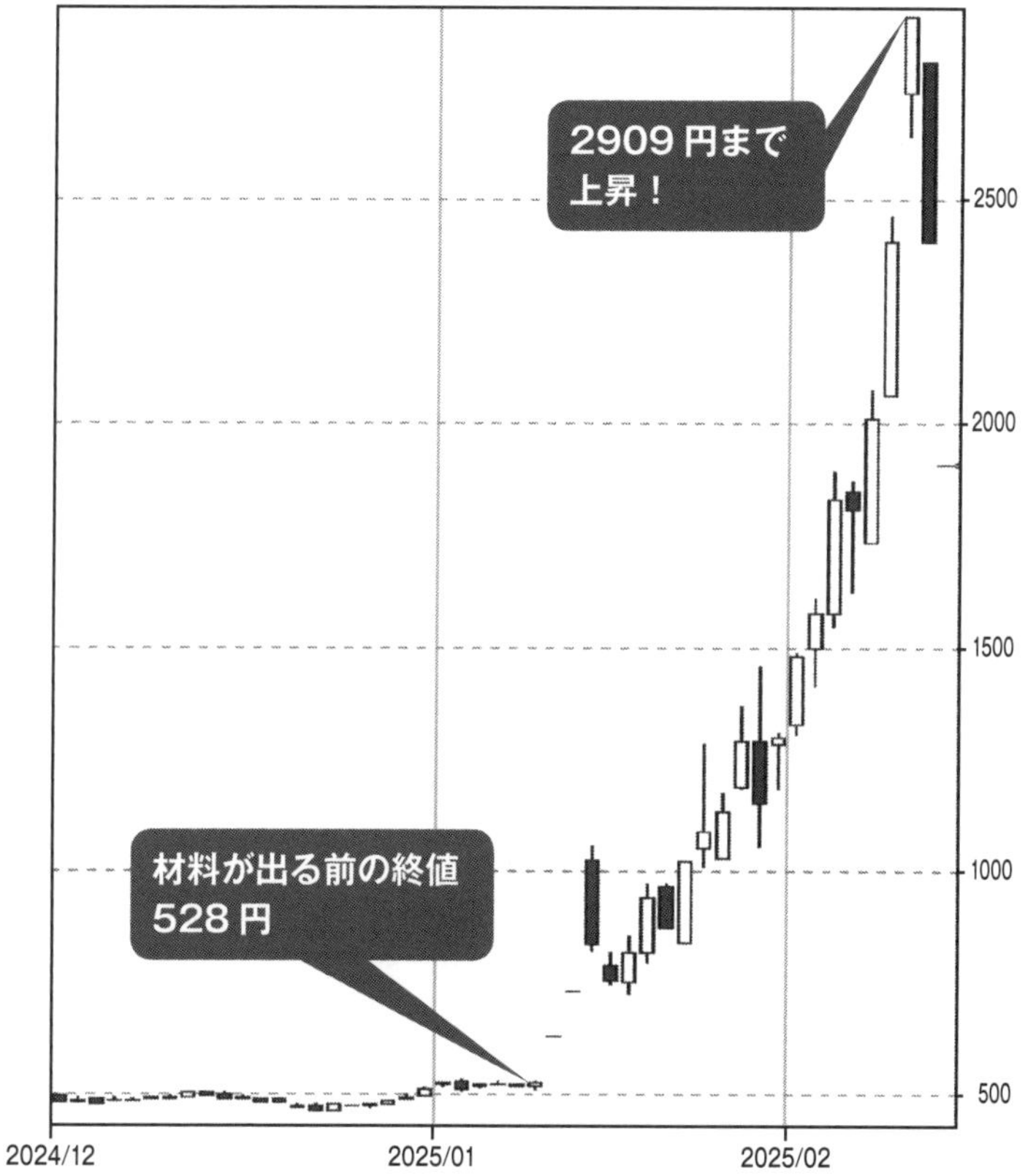

528円

材料が出て2909円まで上昇！

「米Google社と資本業務提携契約を締結すると発表している。第三者割当でGoogle社にｎｏｔｅ株98万４２００株を割り当てる。Google社の持株比率は６・０１％となる。両社でｎｏｔｅプラットフォーム上でのＡＩ機能開発に関する連携やクリエイティブ領域での生成ＡＩに関する開発で協業する」（※株探より引用）

この材料を受けて、買い注文が殺到し、この日はストップ高になりました。

その後も複数の好材料が出て、短期間で株価は大きく上昇しました。材料が出る前の終値は５２８円。それが２９０９円まで上昇しました。

このように、好材料が出ると、短期間で株価は大きく上昇します。

これを狙えばよいわけです。

スイングトレードでは、「材料が出て株価が大きく動きそうな銘柄」を選びましょう。

CHAPTER 03

03 材料はどこで調べるのか？

では、材料はどこで調べればよいのでしょうか。
情報源は以下の三つです。

①日本取引所グループ（JPX）の「適時開示情報閲覧サービス」
②株探の「会社開示情報」
③X（旧：ツイッター）

◆日本取引所グループ（JPX）の「適時開示情報閲覧サービス」

基本的に、材料は「適時開示情報」で探します。
日本取引所グループのウェブサイト内にある「適時開示情報閲覧サービス」のページで

見ることができます。

◆株探の「会社開示情報」

株探の記事でも材料を探します。わかりやすくまとめられているので、使いやすいです。また、特集記事で「投資家・トレーダーの注目度が高い材料」がわかります。「会社開示情報」も株探で見ることができます。

◆X（旧：ツイッター）

仕手情報、思惑買いの情報、連想買いなどの情報はXで収集しています。

これらの三つは取引時間中に頻繁に見るようにしましょう。値動きが大きくなりそうな銘柄を常に探すわけです。

CHAPTER 03
04 開示情報のタイトルで「読む、読まない」を決める

次は、材料の調べ方について解説します。
以下のどちらかを使います。

●日本取引所グループ（JPX）の「適時開示情報閲覧サービス」
●株探の「会社開示情報」

調べ方の流れは以下の通りです。

ステップ①「開示情報一覧」でタイトルだけを見ていく
↓

ステップ②タイトルで気になった開示情報のファイルを開いて読む

まずは、タイトルだけを見ましょう。

開示情報はたくさんあります。それらすべてに目を通していては、多くの時間を使ってしまいます。

株価が反応しそうにない開示情報は読まないようにします。

そのため、タイトルで「読む、読まない」を決めるわけです。

タイトルで気になった開示情報があったら、ファイルを開いて読みます。ＰＤＦ形式になっています。

株価が反応しそうな開示情報については、次の項目で詳しく解説します。この項目では、調べ方の流れだけを覚えてください。

以上が「調べ方の流れ」です。

「適時開示情報閲覧サービス」を使って材料を調べる

ステップ①
「開示情報一覧」でタイトルだけを見ていく

ステップ②
タイトルで気になった開示情報のファイルを開いて読む

時刻	コード	会社名	表題
16:00	48850	室町ケミカル	2025年5月期第2四半期 決算説明資料
16:00	50180	MORESCO	2025年2月期第3四半期決算短信〔日本基準〕（連結）
16:00	50180	MORESCO	組織変更および人事異動に関するお知らせ
16:00	52430	G－note	Google International LLCとの資本業務提携及び第三者割当による新株式発行に関するお知らせ
16:00	52430	G－note	繰延税金資産の計上及び連結業績予想と実績値との差異に関するお知らせ
16:00	52430	G－note	個別業績実績値と前期実績値との差異に関するお知らせ
16:00	52430	G－note	2024年11月期 決算短信〔日本基準〕（連結）
16:00	52430	G－note	ストックオプショ[illegible]（新株予約権）の発行に関するお知らせ
16:00	52430	G－note	2024年11月期[illegible]算説明資料
16:00	52460	G－ELEMENTS	2024年11月[illegible] 決算短信〔日本基準〕（連結）
16:00	52460	G－ELEMENTS	2024年1[illegible]月期 第4四半期および通期決算説明資料
16:00	52460	G－ELEMENTS	株式会[illegible]ボラリファイの株式の取得（子会社化）に関するお知らせ
16:00	52460	G－ELEMENTS	20[illegible]年11月期決算において想定されるご質問への回答について

出所：日本取引所グループ（JPX）の
「適時開示情報閲覧サービス」

タイトルで気になった開示情報のファイルを開いて読む

CHAPTER 03

05

株価が上がりやすい材料の10パターン

材料はほぼ毎日出ます。日によってはかなりの数の材料が出ます。

それらの材料すべてに株価が反応するわけではありません。ほとんど反応しない材料もあります。反応しそうにない材料の分析に時間と労力を使っても、トレードで利益は得られません。

トレーダーが注目するべきは、株価が大きく反応する材料です。とくに、株価が大きく上がりそうな材料には注目しましょう。

どのような材料で株価が上がるかは、材料について研究したり、経験を積んでいくとわかるようになります。

私は多くの時間を使って、材料の研究をしました。

そして、「株価が上がりやすい材料」を10のパターンに分類しました。それを紹介して

株価が大きく上がりやすい材料のパターン

①	**「国策」に絡んだ材料** 国が目標を掲げて政策で後押しする材料
②	**「社会・環境の変化」に関連した材料** 過去の例では、新型コロナウイルス流行やインバウンド需要など
③	**「経済の変化」に関連した材料** 例として、円高・円安、ゼロ金利解除など
④	**「投資家の注目度が高いテーマ」に関連した材料** 例として、半導体関連、生成 AI 関連など
⑤	**企業が大きく変わるキッカケになりそうな材料** 新規事業立ち上げ、新サービス開始、新製品の開発、子会社化など
⑥	**大手企業との業務提携の材料** 有名企業や時価総額の大きい企業との業務提携
⑦	**大型案件の受注の材料** 時価総額に対して、金額の大きい受注
⑧	**決算絡みの材料** 増益、黒字転換、増配など
⑨	**株主優待制度の材料** 株主優待制度の新設・拡充
⑩	**仕手に絡んだ材料（思惑）** 仕手（特定の株を買い集める投機家や集団）による買い上げ思惑

おきます。

【株価が上がりやすい材料のパターン】

①国策に絡んだ材料
②「社会・環境の変化」に関連した材料
③「経済の変化」に関連した材料
④「投資家の注目度が高いテーマ」に関連した材料
⑤企業が大きく変わるキッカケになりそうな材料
⑥大手企業との業務提携の材料
⑦大型案件の受注の材料
⑧決算絡みの材料
⑨株主優待制度の材料
⑩仕手に絡んだ材料(思惑)

それぞれのパターンについては、前ページの図を参考にしてください。

CHAPTER 03

06

材料を分析する前に「銘柄の時価総額」を把握する

株価が反応しそうな材料があったら、分析をします。

株価が大きく上がりそうかを分析するのですが、その前に、調べておきたいことが一つあります。

それは「**銘柄の時価総額**」です。

時価総額とは、企業の株式の価格と発行済株式数を掛け算したもの。企業の規模を把握する指標です。

時価総額の計算方法

時価総額＝株価×発行済株式数

「現在の時価総額がいくらなのか」ということを把握したうえで、材料を分析していきます。

これは、時価総額によって「材料のインパクトの度合い」が違ってくるからです。

たとえば、「1億円の利益が出そうな材料」が出たとします。

時価総額が100億円の企業にとっては、大きな利益です。材料のインパクトは「大」といえます。

当然、株価に与えるインパクトも大きいでしょう。

しかし、時価総額が1000億円の企業にとっては、それほど大きな利益ではないでしょう。いい材料ではありますが、材料のインパクトは「小」です。

当然、株価に与えるインパクトも小さいでしょう。

このように、「銘柄の時価総額」によって、「材料のインパクトの度合い」が違ってきます。株価に与えるインパクトも違ってきます。

そのため、材料が出たら、分析する前に「銘柄の時価総額」を把握しましょう。

そして、時価総額を頭に入れたうえで、材料を分析していきます。

材料を分析する前に「銘柄の時価総額」を把握する

時価総額とは？

企業の株式の価格と発行済株式数を掛け算したもの。
企業の規模を把握する指標。

時価総額の計算方法

時価総額＝株価×発行済株式数

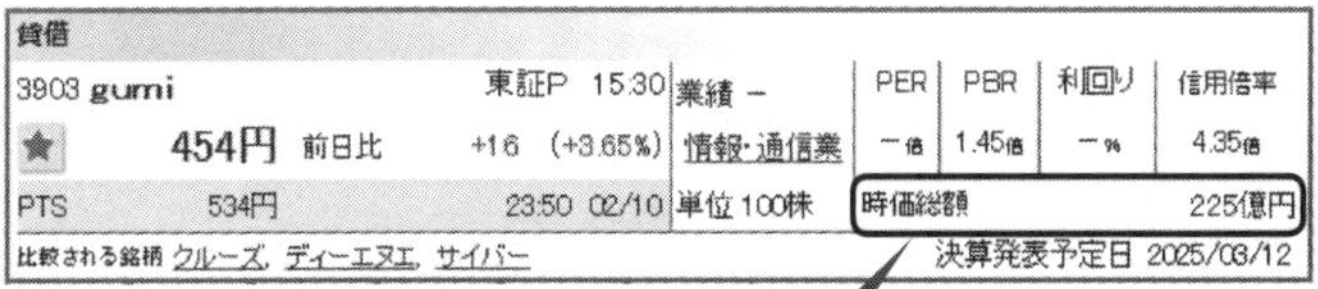

貸借
3903 gumi
東証P 15:30
454円 前日比 +16 (+3.65%)
PTS 534円 23:50 02/10
業績 ―
情報・通信業
単位 100株
PER ―倍
PBR 1.45倍
利回り ―%
信用倍率 4.35倍
時価総額 225億円
比較される銘柄 クルーズ, ディーエヌエ, サイバー
決算発表予定日 2025/03/12

出所：株探

時価総額によって、材料が株価に与える
インパクトが違ってくるので、
時価総額を頭に入れたうえで、材料を分析することが大切！

CHAPTER 03

07 材料は「実際にお金が流れてくるのかどうか」が大きなポイント

材料を分析するときは、「実際にその材料によって、企業にお金が流れてくるのかどうか」ということを考えましょう。

思惑だけでなく、実際にお金が流れてくるかどうかです。

たとえば、ある企業から「新商品の販売を開始する」といった材料が出たとします。「この商品によって、売上や利益が増えるのではないか」という思惑から、株価が急騰するかもしれません。

しかし、これは単なる思惑に過ぎません。この商品によって、実際に売上や利益が増えるかどうかはわかりません。売上が増えても、想定以上のコストがかかって利益が減るかもしれないわけです。

では、ある企業から「新商品の販売が好調で、生産能力を倍増させる」といった材料が出たとします。

この場合は、商品が実際に売れていることが推察されます。

「新商品の販売を開始する」といった材料に比べると、売上や利益が増えている可能性は高いでしょう。

企業に流れてきそうな金額が多いほど、また、確実であるほど、株価は大きく上がります。

逆に、流れてきそうな金額が少なかったり、不確実であれば、株価はあまり上がりません。

このようなことから、材料が出たら、まずは「実際にお金が流れてくるのかどうか」を考えましょう。

そして、流れてきそうであれば、その金額を考えましょう。

実際の金額までは推測できないでしょうから、ざっくりとでかまいません。多いか少ないか、だけでもいいと思います。

CHAPTER 03

08 「入ってくるお金が1回きりなのか、継続的なのか」を見極める

企業に入ってくるお金についても、分析が必要です。

とくに重要なポイントは「入ってくるお金が1回きりなのか、それとも継続的なのか」ということです。

たとえば、企業から「大型受注」に関する材料が発表されたとします。金額が大きければ、株価は反応します。場合によってはストップ高まで上昇するでしょう。

しかし、その受注が1回きりであれば、売上や利益が増えるのはかぎられた期間になってしまいます。

当然、株価の上昇幅もかぎられてしまいます。

もし、その受注が継続的ならば、売上や利益も増えた状態を維持できます。

当然、株価の上昇幅は大きくなるでしょう。

「1回きりなのか、継続的なのか」ということは、はっきりとはわからないでしょう。だいたいでかまいません。

「1回きり」だと思ったら、あまり深追いしないほうがいいでしょう。

「継続的」だと思ったら、押し目で買い増しするのもいいでしょう。

このように、「1回きりなのか、継続的なのか」を見極め、それによって、「投資戦略」を変えていくべきです。

CHAPTER 03

09

「材料によって、現在の株価よりも上がっていくかどうか」を見極める

材料を分析して「この材料によって、株価が大きく上がりそうだ」と判断したら、スイングトレードで狙います。

しかし、いきなり飛びついてはいけません。

なぜなら、高値をつかんでしまう可能性があるからです。

好材料が出ると、株価が上がります。材料の内容が良ければよいほど、株価は大きく上がり、また急激に上がります。

そのため、いきなり飛びついてしまうと、高値をつかんでしまう可能性があるわけです。

儲けるためには、「現在の株価よりもさらに上がっていくかどうか」を見極めなくてはなりません。

大きく上がった状況でも、さらに上がると判断したら買います。

正直いって、この見極めはかなり難しいです。
「もう上がらないだろう」と思っても、そこからさらに上がることがあります。
逆に、「まだ上がるだろう」と思っても、そこから上がらないことがあります。
材料によるトレードの経験を積んで、見極めの精度を上げていきましょう。

CHAPTER 03

10 インパクトの大きい材料は株探の記事でわかる

「材料について調べたいけど、あまり時間をかけられない」

「どのような材料に株価が反応するのか、まだよくわからない」

という方もいることでしょう。

そのような方は株探で以下のような記事を読みましょう。


【明日の好悪材料】を開示情報でチェック！

このようなタイトルの記事が掲載されています。それらを読めば、インパクトの大きい材料がすぐにわかります。記事に掲載されている材料の中から、株価が大きく動きそうなものだけ開示情報を読んでもいいでしょう。

インパクトが大きい材料を効率よく調べる

インパクトが大きい材料は株探の記事でわかる！

【明日の好悪材料】を開示情報でチェック！

【注目】【明日の好悪材料】を開示情報でチェック！（2月21日発表分）

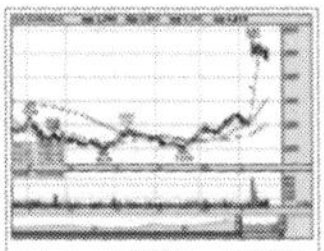

ＪＩＡ　<日足>　「株探」多機能チャートより

【好材料】

■ファンコミュニケーションズ <2461> [東証Ｐ]
発行済み株式数の13.9%にあたる1068万1603株の自社株を消却する。消却予定日は3月14日。

■スター・マイカ・ホールディングス <2975> [東証Ｐ]
発行済み株式数(自社株を除く)の1.36%にあたる45万株(金額で3億円)を上限に自社株買いを実施する。買い付け期間は2月25日から11月30日まで。

■ポラリス・ホールディングス <3010> [東証Ｓ]
ミサワホームと東京都墨田区におけるホテル2物件に係る賃貸借契約締結に向けて基本合意。

■第一稀元素化学工業 <4082> [東証Ｐ]
25年3月期第4四半期に海外サプライチェーン多元化等支援事業に係る補助金収入5億円を特別利益に計上する。

■イーソル <4420> [東証Ｓ]
中国有数の車載エレクトロニクスソリューション企業であるIntron Technologyと次世代ソフトウェアデファインドビークルの実現に向けて業務提携。中国の車載ビジネスに本格参入。

■ソフト９９コーポレーション <4464> [東証Ｓ]
発行済み株式数(自社株を除く)の0.6%にあたる12万株(金額で2億円)を上限に自社株買いを実施する。買い付け期間は2月25日から8月31日まで。

出所：株探

CHAPTER 03

11 テーマに関連した材料が出た銘柄は買い！

企業から発表される材料はさまざまです。株価が上がりやすい材料もあれば、上がりにくい材料もあります。

「上がりやすい」とすぐにわかるのは、「投資家・トレーダーの注目度が高いテーマ」に関連した材料です。

一時、「生成ＡＩ」に関連した材料が出た銘柄は急騰しました。

これは、「生成ＡＩ」が投資家・トレーダーにとって注目度の高いテーマだったからです。

また、「宇宙開発」に関連した材料が出た銘柄は急騰しました。

これも同様に、「宇宙開発」が投資家・トレーダーにとって注目度の高いテーマだったからです。

企業が発表した資料の中に、「テーマに関連したワード」が入っていれば、なお良し、です。

「投資家・トレーダーの注目度が高いテーマ」については、54ページで説明した通りです。「株探」トップページにある「人気テーマ　3日間ランキング」を見れば、すぐにわかります。

毎日のように見て、「どのようなテーマが人気なのか」を頭に入れておきましょう。

そのうえで材料を分析すると、「株価が上がりやすい銘柄」がわかるでしょう。

CHAPTER 03

12 【実例解説】岡本硝子（7746）

「テーマに関連した材料」が出た銘柄のスイングトレードについて、実例を使って解説しましょう。

銘柄は岡本硝子（7746）です。

2024年11月28日に以下の材料が出ました。

「放熱素材に特化したスタートアップ企業のU-MAPと、窒化アルミニウムセラミックス基板の量産体制を確立した上で、資本業務提携を締結したと発表している。これにより、4・5インチサイズの同基板を月産3万枚規模で生産可能とする体制を整え、流動品の販売を開始したとしている。同基板は高い熱伝導性や電気絶縁性を備えているもようで、データセンター内光通信LDの熱管理ソリューションとして最適としている」（※株探より引用）

「テーマに関連した材料」は買い！

岡本硝子（7746）
日足チャート

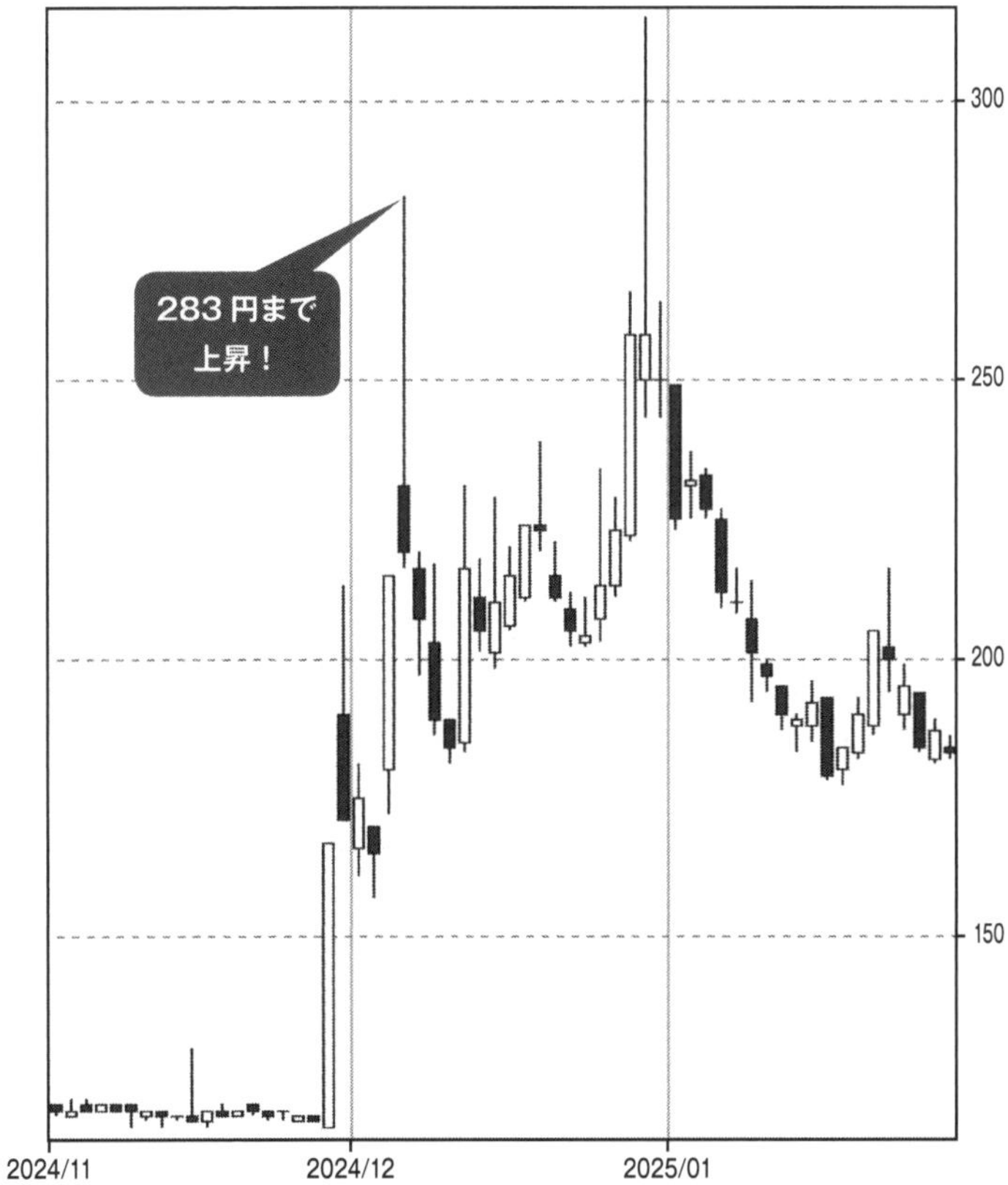

「テーマに関連した材料」が出た銘柄は逃さない！

専門的なことはよくわかりませんが、「データセンター内で使うのに最適な基板の量産体制を確立した」ということはわかります。

「データセンター」といえば、投資家・トレーダーにとって注目度が極めて高いテーマです。つまり、「テーマに関連した材料」ということです。

しかも、「量産体制」ですから、売上が増加するのはほぼ間違いないと考えられます。「実際にお金が流れてきそうな材料」でもあるわけです。

どう考えても、株価は上がりそうです。

材料が出る前の終値は１１７円。

材料が出た28日は１６７円のストップ高まで上昇し、11月29日は２１３円まで上昇しました。その後、株価は一時、１５７円まで下落。私はこの下落したタイミングで買いました。

その後も、12月５日には「株主優待制度の新設」、12月27日には「データセンター建設に使われるガラス偏光子の受注拡大への対応として、生産能力を増強する」といった好材料が出て、株価が大きく上昇しました。

CHAPTER 03

13 好材料が出て上昇した銘柄の押し目を狙う

どんなに良い材料が出た銘柄でも、株価が上がり続けるということはありません。下がる局面もあります。

上げ下げを繰り返しながら、大きく上がっていくこともあります。

そのため、好材料が出て上昇した銘柄の「押し」を狙う、というのも一つの手です。

「押し」とは、上昇トレンド中の一時的な下げをいいます。そして、その「押し」で買うことを「押し目買い」といいます。

① 好材料が出て、株価が急騰する

↓

② 高値をつけて、下がってくる

↓

③再び上昇していく

この「再び上昇していく」という値動きで利益を狙います。

上手くいくと、「②」でつけた高値を上抜けて、大きく上昇していきます。大きな利益を得られます。

もちろん、すべての銘柄が下落した後に再び上昇していくというわけではありません。

そのまま、大きく下落していく銘柄もあります。

そのため、「再び上昇していく確率が高いかどうか」ということを、材料や株価水準から見極めなくてはなりません。

これには経験が必要です。

CHAPTER 03 14 【実例解説】note（5243）

では、好材料が出て上昇した銘柄の押し目を狙ったトレードについて、実例を使って解説しましょう。

104ページで少し紹介したnote（5243）を取り上げます。

先にも述べた通り、2025年1月14日の取引終了後に以下のような材料が出ました。

「米Google社と資本業務提携契約を締結すると発表している。第三者割当でGoogle社にnote株98万4200株を割り当てる。Google社の持株比率は6・01％となる。両社でnoteプラットフォーム上でのAI機能開発に関する連携やクリエイティブ領域での生成AIに関する開発で協業する」（※株探より引用）。

114ページで解説した「株価が大きく上がりやすい材料のパターン」の「パターン6」に該当します。

この材料を受けて、株価は急騰しました。

1月14日の終値は528円。15日と16日はストップ高。

私は1月19日の日曜日に、Xで「材料についての分析」と「今後の立ち回り」についてポストしました。「材料がいいので、押し目で買う」というような内容です。

翌20日は急騰した反動で下落。

そして、21日は日足が下げ止まるような形になりました。

その後、株価は2909円まで上昇しました。

株トレードに「絶対」はありませんが、かなり高い確率で儲けられると思いました。

そう思った理由は、材料が良すぎるからです。

「米Google社と資本業務提携契約」はすごい。「業務提携」だけでもすごいのに、「資本業務提携」なので「株価が大きく上がらないわけがない」と思いました。「押しで絶対に買いたい」と思いました。

このように、材料がよければ、株価が一時的に下落した後でも、再び上昇する可能性が高いといえます。

儲けるチャンスを逃さないようにしましょう。

押しで絶対に買いたい材料！

note（5243）
週足チャート

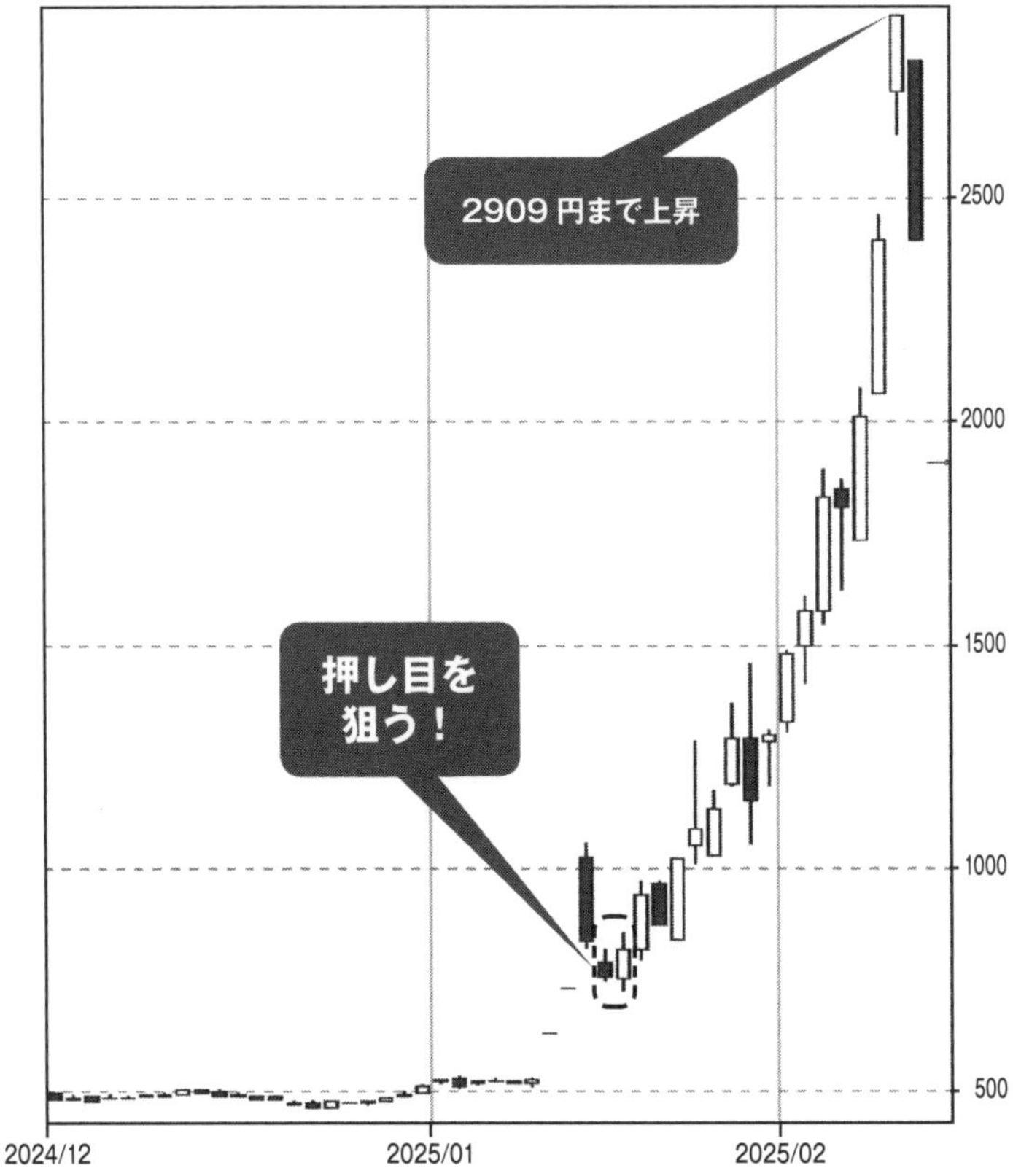

「米 Google 社と資本業務提携契約」
という材料はすごい！

CHAPTER 03

15 【実例解説】ABEJA（5574）

好材料が出て上昇した銘柄の押し目を狙ったトレードについて、もう一つ実例を使って解説しましょう。

2025年1月27日、ABEJA（5574）に次のような材料が出ました。

「新エネルギー・産業技術総合開発機構（NEDO）が進める『競争力ある生成AI基盤モデルの開発』に採択されたプロジェクトで構築した32Bの小型化モデルが、ファインチューニングの実行前の段階でありながら、複数の汎用言語性能指標で米OpenAI社の「GPT－4」を上回る性能に到達した」（※株探より引用）

投資家・トレーダーの注目度が高いテーマ「生成AI」に絡んだ材料です。

126ページで解説した通り、「投資家やトレーダーの注目度が高いテーマに関連した材料」は株価が上がりやすいといえます。

好材料が出た銘柄の押し目を狙う！

ABEJA（5574）
日足チャート

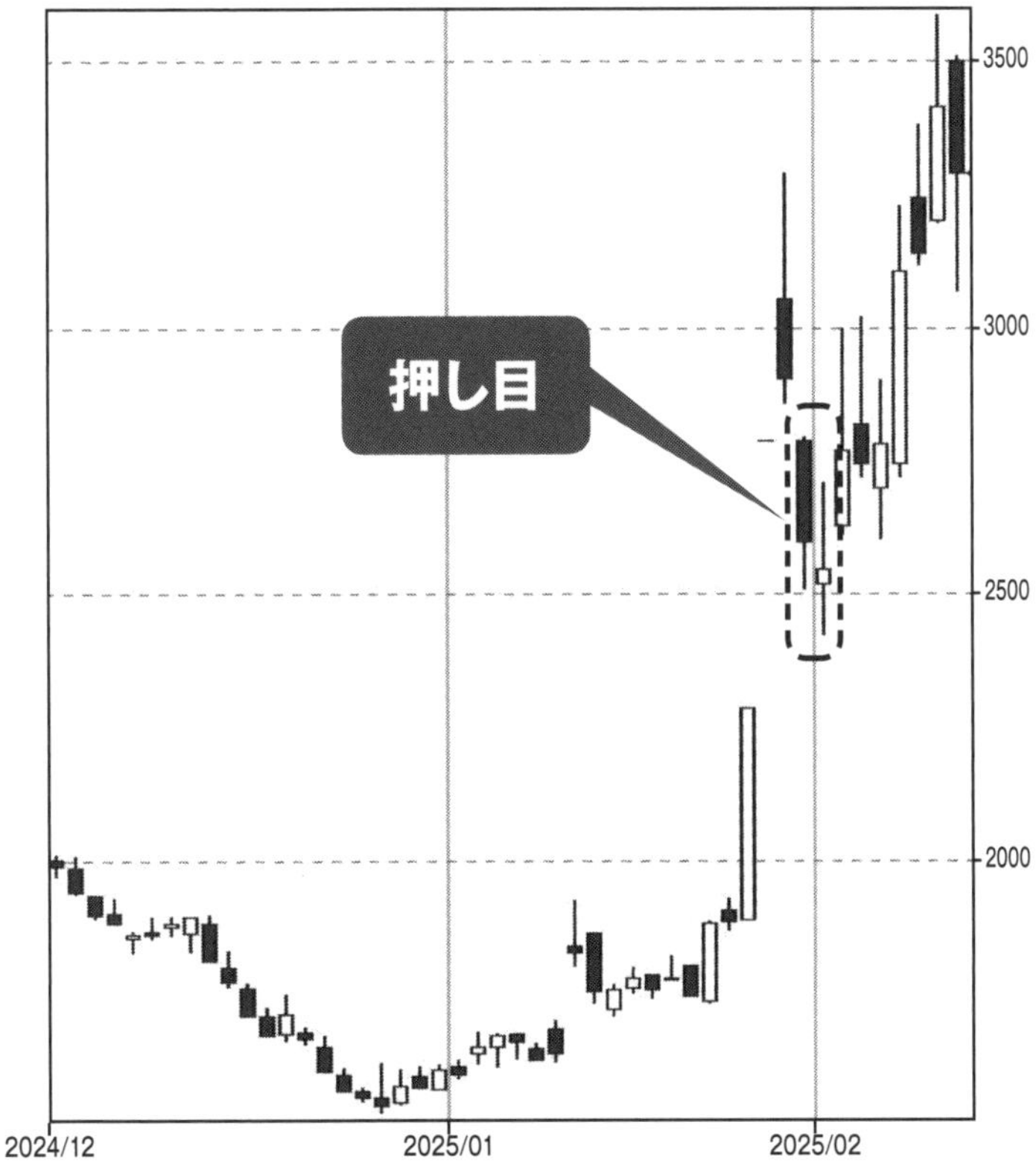

材料がよければ、株価が下落した後、再び上昇する可能性が高い。
儲けるチャンスを逃さない！

この材料を受けて、株価は急騰しました。

1月27日の終値は1887円。

28日と29日はストップ高。

30日は3290円の高値をつけました。

私は1月29日の大引け後に、Xでこの銘柄について触れました。

「ABEJA（5574）の材料、いいですね……」

「材料についての分析」と「今後の立ち回り」についてポストしました。

「材料がいいので、押し目で買う」というような内容です。

そして、1月31日は急騰した反動で下落。

週が明けて、2月3日は日足が下げ止まるような形になりました。

この日にABEJAの株を2500円前後で買いました（終値は2547円）。

「材料がいいので、株価は再度、上がる」と判断したからです。

翌日は2630円で寄り付き、2998円まで上昇しました。

このように材料がよければ、株価が下落した後、再び上昇する可能性が高いといえます。

儲けるチャンスを逃さないようにしましょう。

CHAPTER 03

16 好材料によって連続してストップ高した銘柄は積極的に狙う！

好材料が出て、株価がストップ高まで上昇するといったことはよくあります。

そのうちの数割は、2日以上連続してストップ高になります。

2日以上連続してストップ高になると、株価はかなり高い水準まで上がってしまいます。それでも「買いたい」という人がいるわけです。

それだけ良い材料だということです。「材料が多くの投資家やトレーダーに高く評価された」と捉えることもできます。

私は、好材料が出て2日以上連続してストップ高になった銘柄は、積極的に狙います。

といっても、急騰している状況で買うのはリスクが大きいので、押し目買いで入ります。

実例を一つ紹介しましょう。

銘柄はサンバイオ（4592）です。

２０２５年2月6日の取引終了後に以下の材料が出ました。

「アクーゴ脳内移植用注の出荷のための承認条件に関する第2回目の製造結果について、規格試験及び特性解析において全ての基準値を満たし適合となった」（※株探より引用）

この材料を受けて、2月7日はストップ高になりました。

この日は金曜日でした。私はXで「気になる材料が一つありました。ｎｏｔｅやＡＢＥＪＡのように、仕込みたいと思います」というようなポストをしました。

週明けの2月10日もストップ高。2日連続です。

2月12日は１３００円の高値をつけた後に急落しました。

私は株価が下げ止まったのを確認して、2月14日と2月17日に買いました。

その後、株価は上昇。2月19日には１２０８円まで上昇しました。

このように、好材料が出て2日以上連続してストップ高になった銘柄は、株価が数日間下がった後に急騰することがよくあるので、積極的に狙いましょう。

「好材料が出て連続してストップ高した銘柄」は買い！

サンバイオ（4592）日足チャート

好材料が出て連続してストップ高した銘柄は押し目買いで積極的に狙う！

CHAPTER 03

17 スイングトレードでは「社会で起きた出来事」を捉える

中長期投資では「社会の変化」を捉えたほうがいい、と述べました。社会の変化によって、大きなお金が流れてきそうな銘柄は、株価も大きく上がりやすいからです。

もう少し期間の短いスイングトレードでは**「社会で起きた出来事」**を捉えることが大切です。

そこから、「関連した銘柄」や「投資家・トレーダーの注目度が高くなりそうな銘柄」を探します。

たとえば、ある企業がハッキングの被害にあったとします。

そのことがテレビのニュース、新聞の記事、ＳＮＳの話題になったとしましょう。多くの人の関心が高まっている。

この出来事から、「関連した銘柄」や「投資家・トレーダーの注目度が高くなりそうな銘柄」を探すのです。

「インターネット・セキュリティ関連銘柄」が該当するでしょう。

この「インターネット・セキュリティ関連銘柄」の中から、株価が大きく動きそうな銘柄を絞り込んでいけばよいわけです。

値動きを少し見てからでもいいでしょう。

大きく上がっていきそうなら、乗ります。見込みが外れて、あまり上がりそうもなければ、乗らない。

このように、「社会で起きた出来事」から、「関連した銘柄」や「投資家・トレーダーの注目度が高くなりそうな銘柄」を探します。

慣れないと難しいかもしれませんが、「社会で何かが起きたら、どの銘柄が注目されるか？」と考えるクセをつけておけば、どんどん思い浮かぶようになります。

CHAPTER 03

18 【実例解説】ブルーイノベーション（5597）

では、「社会で起きた出来事」から銘柄を探すやり方について、実例を使って解説しましょう。

2025年1月28日、埼玉県八潮市において下水道管の腐食が原因とみられる道路陥没事故が起きました。これにより、「下水道管点検の需要が高まるのではないか」ということから、「下水道関連銘柄」が買われました。

また、被害者の方の救出作業でドローンが使われたことから、「ドローン関連銘柄」が注目されました。「今後、災害への対応や公共インフラの点検でドローンが使われるのではないか」ということから、これに関連した銘柄を探します。

ブルーイノベーション（5597）がその一つです。

537円から995円まで上昇しました。

ドローン関連銘柄が買われた！

ブルーイノベーション（5597）
日足チャート

537円から995円まで上昇！

CHAPTER 03

19 社会の出来事から上昇した銘柄をデータとしてまとめておく

社会の出来事に関連した株を狙う人も、日頃からデータをまとめておきましょう。
社会の出来事から上昇しそうな銘柄を探す場合、「連想」が必要になります。

社会で大きな出来事があった
←
〇〇が必要になるのではないだろうか
←
〇〇を作っている企業の売上が増えるのではないだろうか
←
〇〇を作っている銘柄を狙おう

連想が得意な人はすぐにでもできるでしょう。

しかし、得意でない人はトレーニングが必要になります。

このとき、過去のデータ（過去の例）があるのと、ないのとでは上達の速さが違ってきます。過去のデータがあったほうが、圧倒的に上達が早いです。

テーマと同様に、1冊のノートにまとめておくことをおすすめします。

「日付」「出来事」「大きく上昇した銘柄」を書いておきましょう。

できれば、「連想した流れ」も書いておきましょう。

このようにしてデータを蓄積していけば、連想による銘柄選びが上達するはずです。何か大きな出来事があったときに、上昇しやすい銘柄をいち早く買うことができます。

CHAPTER 03

20 「値上がりした理由」を調べる

大引け後は「値上がり率ランキング」で上位にランクインした銘柄について、「値上がりした理由」を調べておきましょう。翌日以降、または後日、株価調整をした後に、利益を狙えるかもしれないからです。とくにストップ高になった銘柄は、翌日以降も値上がりが続きやすいので、しっかりと調べましょう。

調べ方はいろいろありますが、ここでは「株探」を使った方法を紹介します。手順は以下の通りです。

①「株探」のトップページを開く
②トップページの中段にある「ランキング・活況銘柄」の欄を探す
③「ランキング・活況銘柄」の「一覧を見る」をクリックする

④各銘柄の証券コードにカーソルを当てて、「ニュース」に材料がないかを調べる

材料があれば、メモしておきましょう。「株探」の記事にまとめられていることもあります。その記事を使って調べれば、効率が上がるでしょう。

「株探」で理由がわからない場合は以下のところで調べます。

『Yahoo!ファイナンス』の掲示板

X(旧:ツイッター)

『Yahoo! ファイナンス』のトップページにある「検索スペース」に証券コードを入力し、掲示板を開きます。投稿を読んで調べます。怪しい情報もあるので注意してください。

Xで調べる場合は「検索スペース」に銘柄名を入力して検索します。ポストを読んで調べます。怪しい情報もあるので注意してください。

値上がりした理由がとくにない、ということもよくあります。少し調べてもわからない場合は、諦めましょう。時間の無駄になってしまうので、ほどほどにしておきます。

CHAPTER 03

21

決算内容のインパクトが大きかった銘柄だけを調べる方法

企業が発表する決算も材料になります。

決算とは、一定期間における収益と費用の計算により損益を求め、決算日時点における資産、負債、純資産の状況を確定する手続きです。上場企業は四半期（3カ月）ごとに決算を行ない、その結果を決算書として発表することになっています。

各企業の決算書は、日本取引所グループ（JPX）の「適時開示情報閲覧サービス」で見ることができます。

決算の数値が予想よりも良ければ、株価は上がりやすくなります。逆に、決算の数値が予想よりも悪ければ、株価は下がりやすくなります。

決算をきっかけに株価が数日間上がることもよくあるので、可能な限り決算には目を通したいところです。

決算内容のインパクトが大きかった銘柄だけを効率よく調べる

決算内容のインパクトが大きかった銘柄は、株探の記事でわかる

★本日の【サプライズ決算】

【注目】★本日の【サプライズ決算】続報（02月10日）

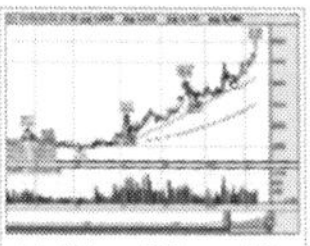

メタプラ ＜日足＞ 「株探」多機能チャートより

※決算発表の集中期間(1月24日～2月14日)は、『決算特報』を毎日3本配信します。
　1．★本日の【サプライズ決算】 速報　＜16時40分＞に配信
　2．★本日の【サプライズ決算】 続報　＜18時00分＞に配信
　3．★本日の【イチオシ決算】　＜20時00分＞に配信

【株探プレミアム】会員向けには、より早い“超速報”を毎日2本配信します。
　1．★本日の【サプライズ決算】 超速報　＜15時40分＞に配信
　2．★本日の【サプライズ決算】 超速報・続報　＜16時10分＞に配信
ご注目ください。なお、配信時間は多少前後します。

1）2月10日引け後に発表された決算・業績修正

◆今期【最高益】を予想する銘柄（サプライズ順）
　メタプラネット〈3350〉［東証Ｓ］今期営業は7.1倍増で20期ぶり最高益更新へ
　エラン〈6099〉［東証Ｐ］　今期経常は34%増で2期ぶり最高益、前期配当減配も今期増配
　メディカル・データ・ビジョン〈3902〉［東証Ｐ］今期最終は黒字浮上で4期ぶり最高益、2.5円増配へ
　アイビス〈9343〉［東証Ｇ］　今期経常は7%増で5期連続最高益、10円増配へ
　荏原実業〈6328〉［東証Ｐ］　今期経常は5%増で3期連続最高益、25円増配へ
　いであ〈9768〉［東証Ｓ］　今期経常は3%増で2期連続最高益、前期配当を10円増額・今期は18円増配へ

出所：株探

「速報」と「続報」がある！
速報は 16 時 40 分に配信される
続報は 18 時に配信される

しかし、決算発表のピークになると1日に数百社が決算を発表します。

これらすべてに目を通していたのでは、かなりの時間がかかってしまいます。「決算に目を通したいけど、あまり時間をかけられない」という人もいることでしょう。

そのような方は、株探に掲載されている以下の記事を読みましょう。

★本日の【サプライズ決算】

このようなタイトルの記事が掲載されます。それらを読めば、インパクトの大きい決算内容がすぐにわかります。

決算が発表されても、ほとんどの銘柄は株価が大きく動きません。大きく動くのは、決算内容のインパクトが大きかった銘柄だけです。

そのため、トレードではインパクトが大きかった銘柄だけがわかればよいのです。

私は株探の記事を読んで、気になった銘柄だけは決算書に目を通しています。

CHAPTER 03

22 暴落時のスイングトレードはショックの期間がポイントになる

この章の最後に、暴落時におけるスイングトレードの銘柄選びについて解説します。「○○ショック」といわれるような、暴落時での銘柄選びです。

株価が下落する期間が大きなポイントになります。

リーマン・ショックやコロナ・ショックのように、事態がいつ収束するかわからず、株価が大きく下がるような状況がしばらく続きそうな場合は、スイングトレードで利益を出すのが難しくなります。

コロナ・ショックのときは、事態がいつ収束するかまったく読めませんでした。このような状況では、株価がいつ反転するかもわからないので、スパンの短いスイングトレードで利益を出すのが難しいのです。

株価の反転を狙って株を買っても、それほど反発しないことが多く、少し反発した後、次の下落が始まって、持ち株に含み損が発生してしまいます。

一方で株価が大きく下がる状況がそれほど続かないようであれば、スイングトレードで利益を出すことが可能になります。

このようなことから、全体相場の暴落が起きたら原因を調べ、株価が大きく下落する状況がすぐに終わりそうなのか、しばらく続きそうなのかを考えることが大切です。

CHAPTER 03

23 暴落時のスイングトレードでも「旬の銘柄」を狙う!

では、暴落時のスイングトレードではどのような銘柄を狙えばよいのでしょうか。

中長期投資の銘柄選びで紹介したように、「配当利回りの高い銘柄」や「国策銘柄」でもいいでしょう。

暴落前からの下落幅、下落率が大きければ、暴落が収まったときに買う人が多いので、それなりに値上がりします。

私は「旬の銘柄」を狙うようにしています。

「暴落直前に好材料が出て、株価が大きく上昇していた銘柄」を狙います。

←暴落直前に好材料が出て上昇していた

全体相場の暴落で株価が安くなった

このような銘柄は、暴落が収まったときに買われます。

では、一つ例を紹介しましょう。

次ページのチャートはＡＢＥＪＡ（５５７４）の日足チャートです。

１３６ページでも紹介した銘柄です。

先にも述べた通り、２０２５年1月27日に「生成ＡＩ」に絡んだ材料が出ました。

この材料を受けて、株価は2日連続でストップ高になりました。

私は1月29日にXで、「材料がいいですね。株価が大きく下がったら、買いたい」などと、この銘柄を紹介しました。

そして、2月3日、第2次トランプ政権による関税問題で、全体相場が暴落しました。

私自身は、「関税発動というのは何かの交渉のキッカケ作りに過ぎない。（トランプ政権は）落としどころをいくつか考えている。だから、早期に相場は回復する」と読んでいました。

このようなことから、2月3日、全体相場が暴落しているときにＡＢＥＪＡの株を買い

暴落時は「直近で好材料が出た銘柄」を狙う！

ABEJA（5574）日足チャート

全体相場の暴落

「旬の銘柄を安く買う絶好のチャンス」になった！

ました。

「旬の銘柄」を安く買える「絶好のチャンス」だと考えたわけです。

翌4日、「米国によるメキシコとカナダへの関税発動時期の延期」といったニュースが流れて、全体相場は大きく反発しました。

同社株は前日比451円高の2998円まで上昇しました。

一時はストップ高になるかと思うほど、値上がりにいきおいがありました（※ストップ高の値幅は500円）。

このように「旬の銘柄」は戻りが大きくなりやすいので、「全体相場の暴落は一時的だ」と判断したら、ぜひ狙っていきましょう。

CHAPTER 04

第4章

デイトレードの銘柄選び

CHAPTER 04

01 デイトレードでも「旬の銘柄」を狙う！

この章では、デイトレードでの銘柄選びについて解説します。

デイトレードとは、その日のうちに決済するトレードのことです。買った株はその日のうちに売ります。カラ売りした株はその日のうちに買い戻します。

その日のうちといっても、ほとんどが数分から数十分のトレードになります。トレンドに乗って含み益が出ている場合は、数時間持つこともあります。

このようなことから、デイトレードでは数分から数十分で利益が出そうな銘柄を選ぶようにします。

では、どのような銘柄がよいのでしょうか。

ここでも狙うのは「旬の銘柄」です。

「多くの投資家やトレーダーが注目している銘柄」です。具体的には次の項目から説明します。

◆同じ銘柄だけをトレードしてもよいのか?

デイトレーダーの中には、同じ銘柄を毎日トレードしている人がいます。

たとえば、「毎日、レーザーテック(6920)だけをトレードする」「毎日、三菱重工業(7011)だけをトレードする」というように、決まった銘柄だけをトレードしているわけです。

こうすると、「その銘柄の値動きの癖がわかるようになる」といったメリットがあります。

しかし、トレードしている銘柄の値動きが毎日大きいとはかぎりません。値動きが小さい日もあります。値動きが小さいとデイトレードで利益を出すのが難しくなるので、毎日同じ銘柄だけをトレードするというやり方はおすすめしません。

その日に動きのよい「旬の銘柄」を選んで、トレードするようにしましょう。

CHAPTER 04

02 デイトレードにおける銘柄選びの基本的な条件

では まず、デイトレードにおける銘柄選びの基本的な条件を解説していきましょう。
基本的な条件は以下の二つです。

条件① 当日の値動きが大きい
条件② 板が薄くない

この二つは満たしておきたい条件です。

◆条件① 当日の値動きが大きい

一つ目の基本的な条件は「当日の値動きが大きい」ことです。

理由は「値動きが大きいと利益を得やすいから」です。

たとえば、株価が500円の銘柄で、1日の値幅（安値から高値までの差）が3円だったとします。

この値幅では利益が出しにくいため、取れたとしても1、2円の値幅でしょう。デイトレードはやりにくいといえます。

しかし、1日の値幅が30円だったとしたら、どうでしょうか。

この値幅で利益を出すのは、十分に可能です。数円の値幅なら、取れるチャンスは数回あるでしょう。うまくいけば、20円以上の値幅を取れます。デイトレードはやりやすいといえます。

このような理由から、デイトレードではなるべく、当日の値動きが大きい銘柄を狙います。

◆条件② 板が薄くない

二つ目の基本的な条件は「板が薄くない」ことです。

「板」とは、証券取引所に出された売買注文の価格と数量をリアルタイムで表したもの。

「板が厚い」とは、「取引所に出ている注文が多い」ということです。逆に、「板が薄い」とは、「取引所に出ている注文が少ない」ということです。

次ページの図では、上段が「板が厚い状況」で、下段が「板が薄い状況」を示しています。

板が薄くない銘柄を狙う理由は、トレードをしやすいからです。

取引所に売り注文が多く出ていれば、株を買いやすい。また、取引所に買い注文が多く出ていれば、株を売りやすい。

逆に、取引所に売り注文が少なければ、株を買いにくく、売りにくい。「買いたいと思ったときに買えない」「買いたい株数を買えない」「現在の値段に近い値段で買えない」ということになってしまいます。

また、取引所に出ている買い注文が少なければ、「売りたいと思ったときに売れない」「売りたい株数を売れない」「現在の値段に近い値段で売れない」ということにもなりかねません。

それから、「リスク面」でも板の厚さは重要になります。

板が薄い状態で「多めの投げ売り注文」が出ると、株価が急落してしまいます。

板の厚さ

「板が厚い」とは？

「取引所に出ている注文が多い」ということ

売株数	気配値	買株数
26500	505	
22000	504	
31600	503	
24500	502	
11300	501	
	500	18000
	499	27500
	498	32600
	497	12000
	496	22600

「板が薄い」とは？

「取引所に出ている注文が少ない」ということ

売株数	気配値	買株数
300	508	
1000	505	
200	504	
200	502	
500	501	
	500	500
	499	300
	497	100
	495	1500
	494	200

これに巻き込まれてしまうと、そのトレードの収支は大きなマイナスになってしまう可能性が高くなります。

私自身、このような急落に何度となく巻き込まれて、痛い思いをしました。

こういった理由から、基本的には「板が薄くない銘柄」を狙います。

では、板はどのくらい厚ければよいのでしょうか。

これは、トレードスタイルによって違ってきます。

私の場合、厚いほうがいいのですが、かといって、厚過ぎるとやりにくくなってしまいます。厚過ぎると、値動きが遅くなるからです。

理想としては、各呼び値にそれぞれ1万~2万株の注文が出ている状況です。前ページの上のような板状況です。このくらいの厚さで値動きが速いと、稼ぎやすいです。

CHAPTER 04

03

値動きが大きい銘柄は騰落率ランキングを使って探す

値動きが大きい銘柄を探すときは「騰落率ランキング」が便利です。騰落率ランキングは、前日の終値に対して（当日の）騰落率が大きい銘柄のランキングです。騰落率が大きい順に上から表示されます。

騰落率ランキングは「値上がり率ランキング」と「値下がり率ランキング」の二つがあります。

値上がり率ランキング……前日の終値に対して、当日の値上がり率が大きい銘柄のランキング。値上がり率が高い順に上から表示される

値下がり率ランキング……前日の終値に対して、当日の値下がり率が大きい銘柄のランキング。値下がり率が高い順に上から表示される

どちらも重要です。取引時間中は頻繁に見るようにしましょう。パソコンのモニターが複数あるのであれば、モニターのどこかに、常に表示させておくといいでしょう。

騰落率ランキングは証券会社が提供している「取引ツール」や「情報ツール」の中にあると思います。無料で見ることができるはずです。

騰落率ランキングとは？

前日の終値に対して（当日の）騰落率が大きい銘柄のランキング。「値上がり率ランキング」と「値下がり率ランキング」の2つがある。

値上がり率ランキング

■値上り率ランキング　全取引所

↓21 ～ 40

	コード	銘柄名	市場	業種	現在値		前日比	騰落率	売買高	売買代金
1	6081/T	ｱﾗｲﾄﾞｱｰｷ	東証ｸﾞﾛｰｽ	サービス業	180	(09:09)	+26	+16.88%	473.8	86.351
2	8918/T	ランド	東証ｽﾀﾝﾀﾞｰﾄﾞ	不動産業	8	(09:00)	+1	+14.28%	25971	207.768
3	3807/T	フィスコ	東証ｸﾞﾛｰｽ	情報・通信業	217	(09:09)	+26	+13.61%	4482.7	857.897
4	4499/T	Speee	東証ｽﾀﾝﾀﾞｰﾄﾞ	情報・通信業	3930	(09:09)	+335	+9.31%	90.3	344.102
5	2437/T	ｼﾝﾜﾜｲｽﾞ	東証ｽﾀﾝﾀﾞｰﾄﾞ	サービス業	292	(09:09)	+24	+8.95%	87	25.798
6	9425/T	ReYuuJpn	東証ｽﾀﾝﾀﾞｰﾄﾞ	情報・通信業	412	(09:09)	+33	+8.70%	229.7	94.253
7	195A/T	ﾗｲｽｶﾚｰ	東証ｸﾞﾛｰｽ	サービス業	730	(09:09)	+50	+7.35%	16.1	11.67
8	6966/T	三井ﾊｲﾃ	東証ﾌﾟﾗｲﾑ	電気機器	916	(09:09)	+60	+7.00%	424.8	383.089
9	4935/T	リベルタ	東証ｽﾀﾝﾀﾞｰﾄﾞ	化学	1723	(09:09)	+112	+6.95%	301.9	523.22
10	6405/T	鈴茂器工	東証ｽﾀﾝﾀﾞｰﾄﾞ	機械	1955	(09:09)	+126	+6.88%	30.9	59.598
11	6656/T	ｲﾝｽﾍﾟｯｸ	東証ｽﾀﾝﾀﾞｰﾄﾞ	電気機器	740	(09:09)	+46	+6.62%	56.8	41.716
12	5724/T	ｱｻｶ理研	東証ｽﾀﾝﾀﾞｰﾄﾞ	非鉄金属	889	(09:08)	+53	+6.33%	5.3	4.56
13	8887/T	クミカ	東証ｽﾀﾝﾀﾞｰﾄﾞ	不動産業	303	(09:09)	+18	+6.31%	19.6	5.837
14	6768/T	タムラ製	東証ﾌﾟﾗｲﾑ	電気機器	565	(09:09)	+32	+6.00%	205.3	116.654
15	7078/T	ＩＮＣ	東証ｸﾞﾛｰｽ	サービス業	551	(09:09)	+31	+5.96%	55.7	30.142
16	175A/T	ｳｲﾙｽﾏｰﾄ	東証ｸﾞﾛｰｽ	情報・通信業	1169	(09:09)	+64	+5.79%	49.4	54.564
17	5805/T	ＳＷＣＣ	東証ﾌﾟﾗｲﾑ	非鉄金属	7480	(09:09)	+400	+5.64%	52.3	398.376
18	2962/T	ﾃｸﾆｽｺ	東証ｽﾀﾝﾀﾞｰﾄﾞ	金属製品	365	(09:09)	+19	+5.49%	35.1	12.548

値下がり率ランキング

■値下り率ランキング　全取引所

↓21 ～ 40

	コード	銘柄名	市場	業種	現在値		前日比	騰落率	売買高	売買代金
1	3696/T	セレス	東証ﾌﾟﾗｲﾑ	情報・通信業	2761	(09:10)	-274	-9.02%	320.2	900.366
2	3825/T	REMIX	東証ｽﾀﾝﾀﾞｰﾄﾞ	小売業	455	(09:10)	-37	-7.52%	3166.4	1474.462
3	6634/T	ネクスＧ	東証ｽﾀﾝﾀﾞｰﾄﾞ	電気機器	124	(09:10)	-10	-7.46%	1123	139.132
4	8698/T	ﾏﾈｯｸｽG	東証ﾌﾟﾗｲﾑ	証券商品先物	873	(09:10)	-63	-6.73%	1693.1	1499.12
5	6159/T	ﾐｸﾛﾝ精密	東証ｽﾀﾝﾀﾞｰﾄﾞ	機械	1546	(09:08)	-90	-5.50%	1.3	2.016
6	8746/T	UNBANKED	東証ｽﾀﾝﾀﾞｰﾄﾞ	証券商品先物	279	(09:09)	-16	-5.42%	117.1	32.921
7	6173/T	ｱｸｱﾗｲﾝ	東証ｸﾞﾛｰｽ	サービス業	280	(09:06)	-16	-5.40%	4.3	1.215
8	5990/T	ｽｰﾊﾟｰﾂｰﾙ	東証ｽﾀﾝﾀﾞｰﾄﾞ	金属製品	1913	(09:08)	-109	-5.39%	4.5	8.566
9	2134/T	ｷﾀﾊﾏｷｬﾋﾟ	東証ｽﾀﾝﾀﾞｰﾄﾞ	サービス業	18	(09:09)	-1	-5.26%	810.6	14.592
10	5888/T	ﾀﾞｲﾜｻｲｸﾙ	東証ｸﾞﾛｰｽ	小売業	4220	(09:09)	-230	-5.16%	5.8	24.601
11	318A/T	VIX先ETF	東証	その他	898.0	(09:10)	-48.0	-5.07%	6.06	5.424
12	264A/T	Schoo	東証ｸﾞﾛｰｽ	サービス業	1260	(09:10)	-66	-4.97%	241.2	311.455
13	3903/T	ｇｕｍｉ	東証ﾌﾟﾗｲﾑ	情報・通信業	383	(09:10)	-20	-4.96%	387.6	151.966
14	8836/T	ＲＩＳＥ	東証ｽﾀﾝﾀﾞｰﾄﾞ	不動産業	20	(09:00)	-1	-4.76%	47.1	0.942
15	9237/T	笑美面	東証ｸﾞﾛｰｽ	サービス業	1745	(09:09)	-84	-4.59%	14	24.882
16	6620/T	宮越ＨＤ	東証ﾌﾟﾗｲﾑ	不動産業	1265	(09:09)	-60	-4.52%	129.2	166.539
17	278A/T	ﾃﾗﾄﾞﾛｰﾝ	東証ｸﾞﾛｰｽ	精密機器	3930	(09:10)	-180	-4.37%	64.1	251.897
18	276A/T	ククレブ	東証ｸﾞﾛｰｽ	不動産業	2327	(09:10)	-105	-4.31%	88.2	207.006
19	4169/T	ｴﾈﾁｪﾝｼﾞ	東証ｸﾞﾛｰｽ	情報・通信業	412	(09:10)	-18	-4.18%	100.3	41.894
20	4344/T	ｿｰｽﾈｸｽﾄ	東証ﾌﾟﾗｲﾑ	情報・通信業	208	(09:10)	-9	-4.14%	706.9	150.145

出所：松井証券「QUICK 情報」

CHAPTER 04

04

出来高が普段よりも極端に多い銘柄を選ぶ

ここからは、基本以外の条件について解説していきます。

まずは、「**出来高が普段よりも極端に多い**」ことです。

出来高とは、取引が成立した株数のことです。

出来高が普段よりも極端に多い銘柄を選ぶ理由は、いくつかあります。

一つは、基本的な条件に関係しています。出来高が多くなると、値動きが大きくなりやすく、また、板が厚くなりやすい。基本的な条件の二つを満たしやすくなるからです。

もう一つの理由は「旬になっている可能性があるから」です。

出来高が普段よりも極端に多いということは、その銘柄に対して、トレーダーの注目度が高くなっていると考えられます。注目度が高いからこそ、トレードをする人が多く、結果として出来高が多くなっているわけです。

「旬」である可能性はかなり高いといえます。

では、出来高が普段よりも多いかどうかは、どのようにして見極めればよいのでしょうか？

取引時間中は「その日の出来高」が確定していないので、普段よりも多いかどうかわかりません。

見極めには経験が必要です。

取引時間中の途中経過で、普段よりも多いかどうかを見極めます。

日足チャートに出来高の棒グラフを表示させておけば、途中経過でもなんとなく判断できます。

CHAPTER 04

05 「好材料」や「好決算」が出た銘柄を選ぶ

104ページで「材料」について解説しましたが、デイトレードでも「好材料が出た銘柄」のほうがいいでしょう。

買いで入る場合、材料が出ていない銘柄よりも、好材料が出た銘柄のほうが稼ぎやすいからです。

好材料が出た銘柄は「買いたい」と思っている人が多いので、株価が大きく上がりやすい。また、下がったときに、下げ止まりしやすい。

このようなことから、上値を追いかけるような「飛びつき買い」でも、下がったところで買う「押し目買い」でも、稼ぎやすいわけです。

もちろん、必ず稼げるというわけではありません。材料が出ていない銘柄に比べると、稼ぎやすいということです。

また、「決算」でも同じようなことがいえます。

決算が予想よりもかなり良かった場合、「買いたい」と思っている人が多いので、株価が大きく上がりやすいし、下がったときに下げ止まりしやすくなります。

CHAPTER 04

06 【実例解説】わかもと製薬（4512）

材料が出た銘柄のデイトレードについて、実例を使って解説しましょう。

2025年2月6日の取引終了後、わかもと製薬（4512）に材料が出ました。「ロート製薬（4527）が筆頭株主になる」という内容です。113ページで紹介した株価が上がりやすい材料の「パターン6」に該当します。両社は2020年に業務提携を発表しましたが、ロート製薬が筆頭株主になることで、わかもと製薬にとって大きなプラスになるのでは、と考えられました。

ただ、具体的に何かをするといった案が出てきたわけではないので、スイングトレードや中長期投資では狙いにくい。デイトレードに限定したトレードになります。

2月7日の株価は、前日比80円高のストップ高まで上昇しました。

材料が出た銘柄のデイトレード

わかもと製薬（4512）
5分足チャート

CHAPTER 04

07 【実例解説】メルカリ(4385)

好決算が出た銘柄の実例も見てみましょう。

メルカリ(4385)が2025年2月6日の15時30分に決算を発表しました。

「2025年6月期第2四半期累計(7－12月)の連結最終利益は前年同期比62・3%増の73・8億円に拡大した。直近3ヵ月の実績である10－12月期(2Q)の連結最終利益は前年同期比2・6倍の44・5億円に急拡大し、売上営業利益率は前年同期の7・0%↓14・4%に急改善した」(※株探より引用)

急改善、急拡大といった内容で、インパクトがかなり大きいと感じました。

翌7日は前日比273円高の2180円で寄り付きました。かなり高い値段で寄りましたが、「まだ上がる」と判断し、寄り付きからの下落が止まったところで買いました。

その後、株価はストップ高(2308円)まで上昇しました。

好決算が出た銘柄

メルカリ（4385）
1分足チャート

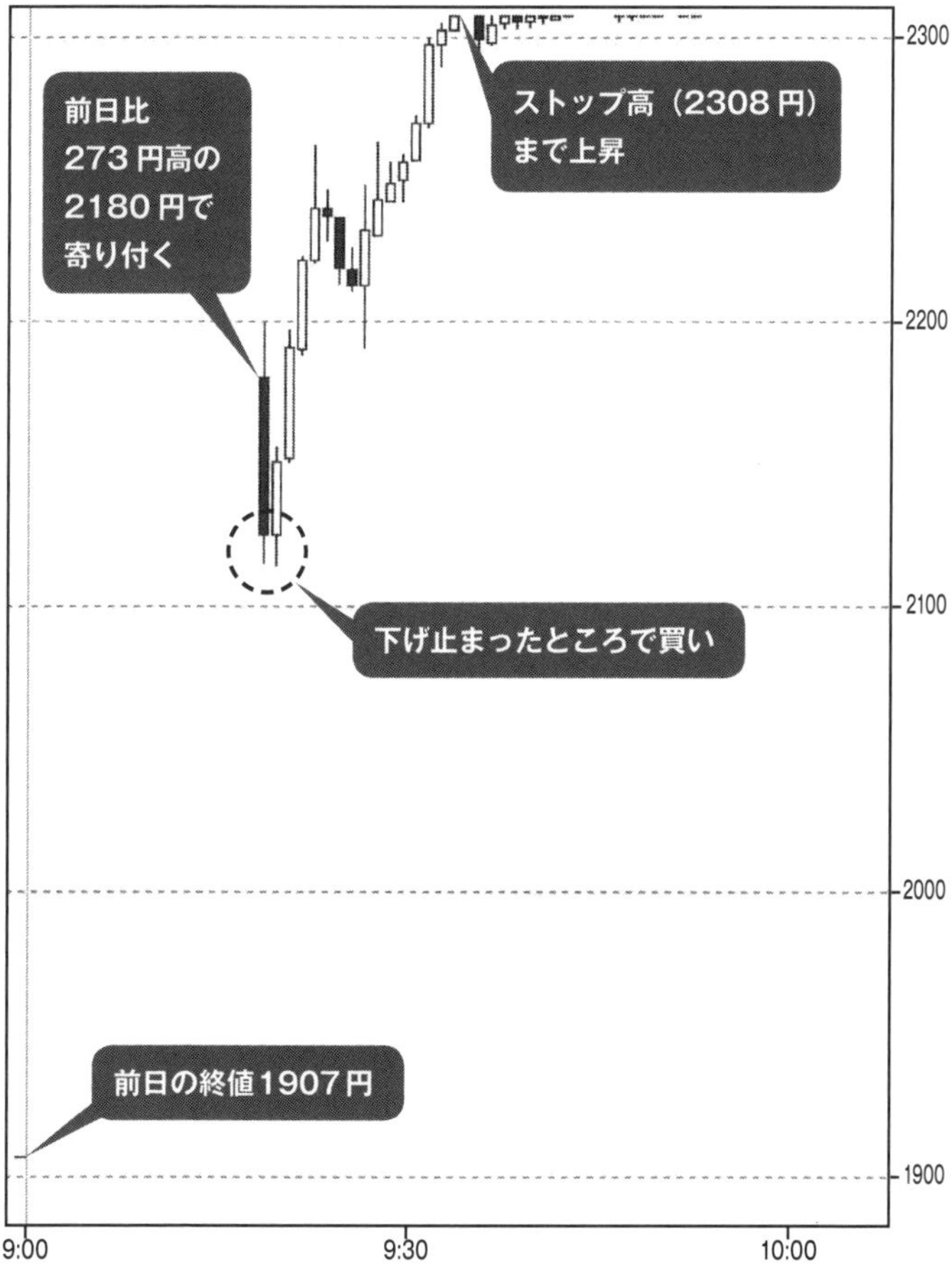

CHAPTER 04

08 「社会の出来事」に絡んだ銘柄も狙う

「好材料」や「好決算」と同様に、「社会の出来事」に絡んだ銘柄も狙っていきましょう。

「社会の出来事」に絡んだ銘柄は「旬の銘柄」です。株価が大きく上がりやすくなります。

「社会の出来事」から、「どのような企業にお金が流れ込みそうか」を考えます。

ダイレクトに結びつけるのではなく、連想していきます。

連想の流れは146ページで解説した通りです。

社会で大きな出来事があった

↓

○○の需要が高まるのではないだろうか

↓

〇〇を取り扱っている企業の売上が増えるのではないだろうか

↓

〇〇を取り扱っている銘柄を狙おう

「社会の出来事」は、日本経済新聞やインターネット上のニュースで調べましょう。寄り付き前に時間があれば、新聞を読んだり、ニュースを読んだりして、「社会の出来事」を把握しましょう。

また、Xでニュースや材料を取り上げているアカウントで情報を入手してもいいでしょう。アカウントによっては、関連しそうな銘柄を取り上げているものもあります。参考にしましょう。

CHAPTER 04

09 【実例解説】土木管理総合試験所（６１７１）

「社会の出来事」に絡んだ銘柄のデイトレードについて、実例を使って解説しましょう。

次ページのチャートは、土木管理総合試験所（６１７１）の5分足チャートです（※２０２５年2月20日）。

１４４ページで述べた通り、２０２５年1月28日、埼玉県八潮市において下水道管の腐食が原因とみられる道路陥没事故が起きました。これにより、「下水道管点検の需要が高まるのではないか」と考えられます。

同社は土木建設にかかわるさまざまな試験・調査・分析を手掛けているそうです。社会インフラ構造物の点検にも注力。地中レーダー探査などを用いて、路面を掘削することなく路面下の空洞発生の有無を探査・解析し、道路陥没対策に活用する調査も手掛けているそうです。

「社会の出来事」に絡んだ銘柄のデイトレード

土木管理総合試験所（6171）
5分足チャート

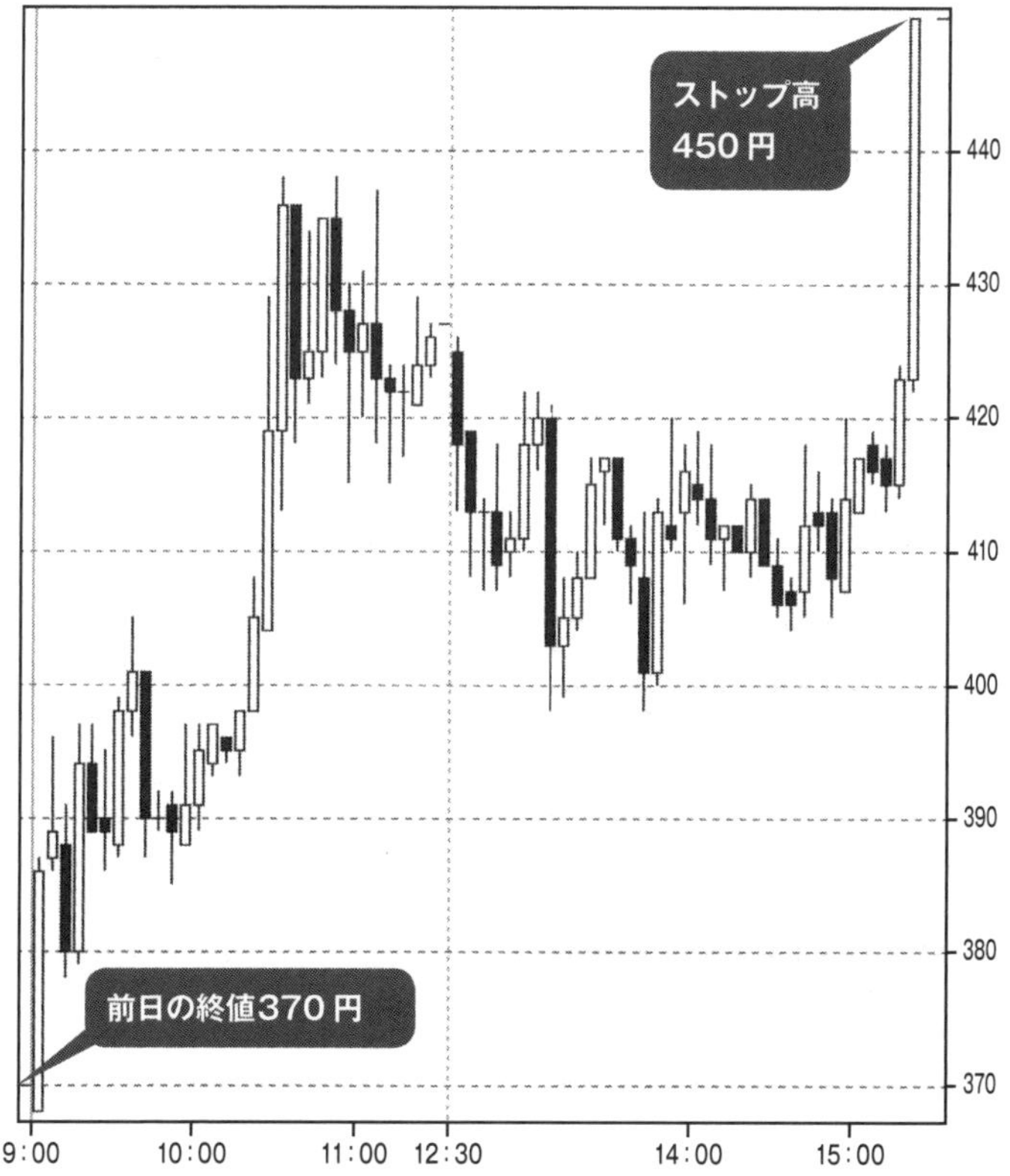

この日はストップ高まで上昇！

埼玉県八潮市において下水道管の腐食が原因とみられる道路陥没事故が起きた
←
「下水道管点検の需要が高まるのではないか」と考えられる
←
「下水道管点検を手掛けている企業の売上が増えるのではないだろうか」と考えられる
←
土木建設にかかわるさまざまな試験・調査・分析を手掛ける同社の株を狙おう！

株探の特集記事に取り上げられたこともあり、２月18日から株価が動き出しました。

そして、２月20日はストップ高まで上昇しました。

私はこの日、同銘柄でトレードを繰り返し、大きな利益を得ることができました。

「社会の出来事」からの連想がしっかりできれば、デイトレードで儲けられる株がわかります。

CHAPTER 04 10

「お祭り会場」を探そう！

株式市場ではときどき、「お祭り会場」ができます。

といっても、東京証券取引所主催のイベントではありません。

「全員参加型の銘柄」のことを「お祭り会場」や「お祭り銘柄」といいます。

たくさんの人たち（投資家やトレーダーたち）が集まっていて賑やかそうなので「お祭り」と表現されるのでしょう。

「お祭り銘柄」は出来高をともなって、株価が大きく上がることが多いといえます。

それこそ、「銘柄」をお神輿《みこし》にして、みんなで担ぎ、（株価を）どんどん上げていきます。

「お祭り銘柄」は材料が出たり、テーマに絡んだり、社会の出来事に絡んだりした銘柄の中から現れます。

どの銘柄が「お祭り銘柄」になるかは、事前にはわかりません。

また、いつ「お祭り銘柄」になるのかもわかりません。

常に、多くの情報を収集することが「お祭り銘柄を見つけるコツ」です。

お祭り銘柄になれば、Xで取り上げられる回数が急に多くなるので、「取り上げたアカウントの数」や「取り上げられたポストの数」などを把握しておきましょう。

CHAPTER 04

11

【実例解説】フジ・メディア・ホールディングス（4676）

「お祭り会場」や「お祭り銘柄」についても実例を使って解説しましょう。

銘柄は、フジ・メディア・ホールディングス（4676）です。

某男性タレントとフジテレビの女子アナウンサーの間に起ったとされる問題について、フジテレビ側の対応が悪く、スポンサー企業がCM放送を見合わせる事態に発展しました。

本来であれば、広告収入の減少により、株価が大きく下落しそうな悪材料です。

しかし、株価はどんどん上がりました。

これは、フジテレビとは因縁があるホリエモンこと堀江貴文氏が「株を買って株主総会に行こう。経営陣を変えて立て直そう。資産も有効活用しよう」などと提案したことにより、多くの人がフジ・メディア・ホールディングスの株を買ったからです。

そこに短期のトレーダーも集まってきて、フジ・メディア・ホールディングスは「お祭り会場」や「お祭り銘柄」になりました。

次ページのチャートはフジ・メディア・ホールディングスの5分足チャート（※2025年1月29日）です。

デイトレードで買うタイミングとしては、みんなで「お神輿」を担ぐように、株価を上げていくところです。陽線が連続して高値を切り上げているような状態で買います。

祭りの熱が冷めたら、いち早く売ります。そして、また盛り上がってきたら買う。「お祭り会場」や「お祭り銘柄」は短期間で株価が大きく上がりやすいので、デイトレードには適しています。

ちなみに、私はXでフジ・メディア・ホールディングスのことを取り上げました。その際、「お祭り会場」や「お祭り銘柄」という表現はしませんでした。「仕手化している」という表現にしました。仕手とは株価を意図的に上げる行為のことで、仕手化とは仕手株のような値動きをする銘柄のことです。

被害にあわれた女性がいることから、「お祭り」という表現を避け、「仕手化」という表現にしました。

「お祭り銘柄」の上昇に乗る

フジ・メディア・ホールディングス（4676）5分足チャート

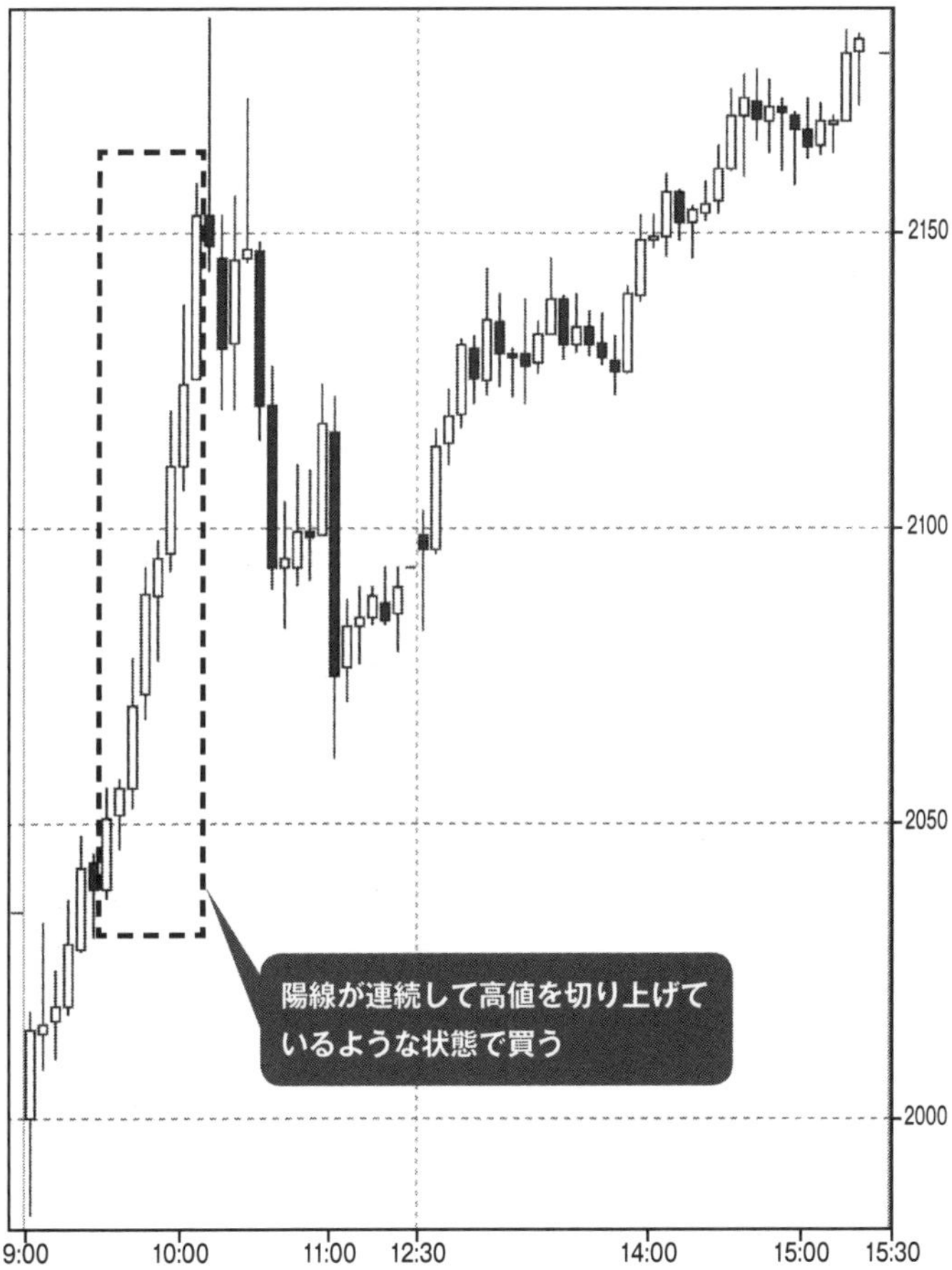

CHAPTER 04

12 トレード前日に監視銘柄を決める

デイトレードをする前日のうちに、「監視銘柄」を探しておきましょう。

監視銘柄とは、値動きを監視しておく銘柄のことです。値動きを監視しておき、儲けられそうなタイミングがあれば、トレードします。

この項目では、デイトレードの前日の段階（大引け以降の段階）で監視銘柄を探す方法を解説します。

◆値動きが大きかった銘柄の中から探す

まずは、値動きが大きかった銘柄について、「株価が大きく動いた理由」を調べましょう。

これは「株探」を使うと便利です。

手順は以下の通りです。

①「株探」のトップページを開く
↓
②トップページの中段にある「ランキング・活況銘柄」の欄を探す
↓
③「ランキング・活況銘柄」の「一覧を見る」をクリックする
↓
④各銘柄の証券コードにカーソルを当てて、「ニュース」に材料がないかを調べる

「株探」で理由がわからない場合は、以下のところで調べます。

『Yahoo!ファイナンス』の掲示板
X（旧：ツイッター）

これも149ページで紹介しました。
株価が大きく動いた理由を調べて、翌日以降も大きく動きそうであれば、監視銘柄にし

ます。

◆決算内容のインパクトが大きかった銘柄の中から探す

次に、決算発表があった銘柄の決算内容を調べます。

すべての銘柄について調べると、かなりの時間がかかってしまいます。

株探に掲載される以下のようなタイトルの記事を読みましょう。

★本日の【サプライズ決算】

この記事を読んで、気になった銘柄だけ決算書に目を通します。

翌日に株価が大きく動きそうであれば、監視銘柄にします。

◆新たに材料が出た銘柄の中から探す

次に、何かインパクトの大きい材料が出ていないかを調べます。

以下のどちらかを使います。

●日本取引所グループ（ＪＰＸ）の「適時開示情報閲覧サービス」

●株探の「会社開示情報」

時間をかけられない人は、株探で以下のようなタイトルの記事を読みましょう。

【明日の好悪材料】を開示情報でチェック！

これを読めば、インパクトの大きい材料がすぐにわかります。記事に掲載されている材料の中から、株価が大きく動きそうなものだけ開示情報を読んでもいいでしょう。

翌日に株価が大きく動きそうな銘柄があれば、監視銘柄にします。

◆PTSで大きく動いている銘柄の中から探す

次に、PTSで大きく動いている銘柄について調べます。

PTSとは、Proprietary Trading System の略で、証券取引所を通さず、証券会社内で株式などの有価証券を売買できる私設取引システムです。PTSの騰落率ランキングで上位にランクインして、ある程度、出来高が多い銘柄については、株価が大きく動いている理由を調べます。翌日に株価が大きく動きそうな銘柄があれば、監視銘柄にします。

◆注目度が高いテーマに関連した銘柄の中から探す

次に、「投資家・トレーダーの注目度が高いテーマ」を調べましょう。

株探のトップページの下のほうに「人気テーマのランキング」があります。これを見れば人気テーマがすぐにわかります。順位に変動がないかを調べます。上位にランクインしてきたテーマがあれば、関連銘柄を調べます。翌日に株価が大きく動きそうな銘柄があれば、監視銘柄にします。

◆Xで話題になっている銘柄の中から探す

次に、Xで話題になっている銘柄がないかを調べます。

多くの人(アカウント)がポストしている銘柄があれば、「話題になる理由」を調べましょう。翌日に株価が大きく動きそうな銘柄があれば、監視銘柄にします。

◆「社会の出来事」に関連した銘柄の中から探す

次に、インターネットでニュースを読み、「社会の出来事」に関連した銘柄で、株価が大きく動きそうなものがないかを考えます。株価が大きく動きそうな銘柄があれば、監視銘柄にします。

◆株探の記事に取り上げられている銘柄の中から探す

最後に、株探の記事を読みます。

材料を分析している記事
市場を分析している記事
特集記事

これらの記事で取り上げられている銘柄について調べ、翌日に株価が大きく動きそうであれば、監視銘柄にします。

以上の方法で監視銘柄を決めます。

CHAPTER 04

13

当日の寄り付き前に監視銘柄を探す

◆「社会の出来事」に関連した銘柄の中から探す

当日は寄り付き前に、まず新聞とインターネットでニュースを読みましょう。

新聞は多くの投資家・トレーダーが読んでいる日本経済新聞にざっと目を通します。

「社会の出来事」に関連した銘柄で、株価が大きく動きそうなものがないかを考えます。

株価が大きく動きそうな銘柄があれば、監視銘柄にします。

◆Xで話題になっている銘柄の中から探す

次に、Xで話題になっている銘柄がないか、調べます。

前日に調べていますが、もう一度、朝に調べましょう。

多くの人（アカウント）がポストしている銘柄があれば、「話題になっている理由」を調べましょう。

株価が大きく動きそうな銘柄があれば、監視銘柄にします。

◆新たに材料が出た銘柄の中から探す

新たに何かインパクトの大きい材料が出ていないか、調べます。

株探の以下のタイトルの記事が便利です。

〈必見〉寄り付き直前チェック・リスト！

「本日の注目銘柄」の項目で、材料が出た銘柄を一覧にして取り上げています。

◆注目度が高いテーマに関連した銘柄の中から探す

次に、「投資家・トレーダーの注目度が高いテーマ」を調べましょう。

これについても前日に調べていますが、もう一度、朝に調べましょう。

株探の「人気テーマのランキング」で順位に変動がないかを調べます。

上位にランクインしてきたテーマがあれば、関連銘柄を調べます。

株価が大きく動きそうな銘柄があれば、監視銘柄にします。

◆寄り前気配値ランキングにランクインしている銘柄の中から探す

これについては重要なことなので、次の項目で解説します。

◆直近で大きく動いた銘柄の中から探す

これについても重要なことなので、２０１ページで解説します。

CHAPTER 04

14 「寄り前気配値ランキング」をチェックする

寄り付き前には、「寄り前気配値ランキング」を使って、当日に値動きが大きくなりそうな銘柄を探しましょう。

「寄り前気配値ランキング」とは、その名の通り、寄り付き前における気配値のランキングです。

前日の終値に対して、気配値の変動率が大きい順に掲載されています。

騰落率ランキングと同様、値上がり率ランキングと値下がり率ランキングがあります。

寄り前気配 値上がり率ランキング……前日の終値に対して、寄り付き前における気配値の値上がり率が大きい銘柄のランキング。値上がり率が高い順に上から表示される

寄り前気配 値下がり率ランキング……前日の終値に対して、寄り付き前における気配値の

値下がり率が大きい銘柄のランキング。値下がり率が高い順に上から表示される

どちらもチェックしましょう。

◆「寄り前気配値ランキング」はどこで見ることができる？

私は、松井証券のＱＵＩＣＫ情報にある「寄り前気配 値上がり率ランキング 前場」「寄り前気配 値下がり率ランキング 前場」を見ています。

板は８時から稼働しますが、寄り前気配値ランキングは８時30分から稼働します。

チェックして値動きが大きくなりそうな銘柄があれば、監視銘柄にしましょう。

◆「社会で起きた出来事」や「人気のテーマ」を意識して見る

「寄り付き前の気配値」を確認するときも、「社会で起きた出来事」「人気テーマランキングの上位にランクインしたテーマ」「テーマに関連した銘柄」を意識して見ます。

「寄り前気配値ランキング」にランクインしていれば、「値動きが大きくなりそう」「出来高も多くなりそう」ということから、デイトレードで狙う銘柄の条件に該当しそうなので、

寄り前気配値ランキングとは？

寄り付き前における気配値のランキング。前日の終値に対して、気配値の変動率が大きい順に掲載されている。

寄り前気配 値上がり率ランキング

■寄り前気配　値上り率ランキング　前場 01/22

↓21 ～ 40

	コード	銘柄名	市場	値上り率	寄り前最良買気配		直近終値
1	2778/T	ﾊﾟﾚﾓ･HD	東証ｽﾀﾝﾀﾞｰﾄﾞ	+30.40%	163	08:50	125.0
2	7476/T	アズワン	東証ﾌﾟﾗｲﾑ	+20.26%	2958.5	08:50	2460.0
3	6327/T	北川精機	東証ｽﾀﾝﾀﾞｰﾄﾞ	+18.32%	646	08:50	546.0
4	3091/T	ﾌﾞﾛﾝｺB	東証ﾌﾟﾗｲﾑ	+12.97%	3920	08:50	3470.0
5	3807/T	フィスコ	東証ｸﾞﾛｰｽ	+11.22%	228	08:50	205.0
6	6634/T	ネクスG	東証ｽﾀﾝﾀﾞｰﾄﾞ	+10.77%	144	08:50	130.0
7	290A/T	Ｓｙｎｓ	東証ｸﾞﾛｰｽ	+10.17%	520	08:50	472.0
8	150A/T	ＪＳＨ	東証ｸﾞﾛｰｽ	+8.82%	580	08:50	533.0
9	1982/T	日比谷	東証ﾌﾟﾗｲﾑ	+8.27%	3995	08:48	3690.0
10	3825/T	REMIX	東証ｽﾀﾝﾀﾞｰﾄﾞ	+7.92%	504	08:50	467.0
11	4373/T	ｼﾝﾌﾟﾚｸｽH	東証ﾌﾟﾗｲﾑ	+7.58%	2556	08:48	2376.0
12	186A/T	ｱｽﾄﾛｽｹｰﾙ	東証ｸﾞﾛｰｽ	+7.24%	681	08:50	635.0
13	4461/T	一工薬	東証ﾌﾟﾗｲﾑ	+6.99%	3675	08:49	3435.0
14	4499/T	Speee	東証ｽﾀﾝﾀﾞｰﾄﾞ	+6.08%	3925	08:50	3700.0
15	3896/T	阿波製紙	東証ｽﾀﾝﾀﾞｰﾄﾞ	+6.01%	494	08:50	466.0
16	6143/T	ｿﾃﾞｨｯｸ	東証ﾌﾟﾗｲﾑ	+5.61%	791	08:50	749.0
17	6368/T	ｵﾙｶﾞﾉ	東証ﾌﾟﾗｲﾑ	+4.98%	8860	08:50	8440.0
18	2239/T	SPﾚﾊﾞ2倍	東証	+4.88%	19995	08:47	19065.0
19	1766/T	東建ｺｰﾎﾟ	東証ﾌﾟﾗｲﾑ	+4.78%	12490	08:50	11920.0
20	2433/T	博報堂DY	東証ﾌﾟﾗｲﾑ	+4.67%	1209.5	08:46	1155.5

寄り前気配 値下がり率ランキング

■値下り率ランキング　全取引所

↓21 ～ 40

	コード	銘柄名	市場	業種	現在値		前日比	騰落率	売買高	売買代金
1	3696/T	セレス	東証ﾌﾟﾗｲﾑ	情報・通信業	2761	(09:10)	-274	-9.02%	320.2	900.366
2	3825/T	REMIX	東証ｽﾀﾝﾀﾞｰﾄﾞ	小売業	455	(09:10)	-37	-7.52%	3166.4	1474.462
3	6634/T	ネクスG	東証ｽﾀﾝﾀﾞｰﾄﾞ	電気機器	124	(09:10)	-10	-7.46%	1123	139.132
4	8698/T	ﾏﾈｯｸｽG	東証ﾌﾟﾗｲﾑ	証券商品先物	873	(09:10)	-63	-6.73%	1693.1	1499.12
5	6159/T	ﾐｸﾛﾝ精密	東証ｽﾀﾝﾀﾞｰﾄﾞ	機械	1546	(09:08)	-90	-5.50%	1.3	2.016
6	8746/T	UNBANKED	東証ｽﾀﾝﾀﾞｰﾄﾞ	証券商品先物	279	(09:09)	-16	-5.42%	117.1	32.921
7	6173/T	ｱｸｱﾗｲﾝ	東証ｸﾞﾛｰｽ	サービス業	280	(09:06)	-16	-5.40%	4.3	1.215
8	5990/T	ｽｰﾊﾟｰﾂｰﾙ	東証ｽﾀﾝﾀﾞｰﾄﾞ	金属製品	1913	(09:08)	-109	-5.39%	4.5	8.566
9	2134/T	ｷﾀﾊﾏｷｬﾋﾟ	東証ｽﾀﾝﾀﾞｰﾄﾞ	サービス業	18	(09:09)	-1	-5.26%	810.6	14.592
10	5888/T	ﾀﾞｲﾜｻｲｸﾙ	東証ｸﾞﾛｰｽ	小売業	4220	(09:09)	-230	-5.16%	5.8	24.601
11	318A/T	VIX先ETF	東証	その他	898.0	(09:10)	-48.0	-5.07%	6.06	5.424
12	264A/T	Schoo	東証ｸﾞﾛｰｽ	サービス業	1260	(09:10)	-66	-4.97%	241.2	311.455
13	3903/T	ｇｕｍｉ	東証ﾌﾟﾗｲﾑ	情報・通信業	383	(09:10)	-20	-4.96%	387.6	151.966
14	8836/T	ＲＩＳＥ	東証ｽﾀﾝﾀﾞｰﾄﾞ	不動産業	20	(09:00)	-1	-4.76%	47.1	0.942
15	9237/T	笑美面	東証ｸﾞﾛｰｽ	サービス業	1745	(09:09)	-84	-4.59%	14	24.882
16	6620/T	宮越ＨＤ	東証ﾌﾟﾗｲﾑ	不動産業	1265	(09:09)	-60	-4.52%	129.2	166.539
17	278A/T	ﾃﾗﾄﾞﾛｰﾝ	東証ｸﾞﾛｰｽ	精密機器	3930	(09:10)	-180	-4.37%	64.1	251.897
18	276A/T	ククレブ	東証ｸﾞﾛｰｽ	不動産業	2327	(09:10)	-105	-4.31%	88.2	207.006
19	4169/T	ｴﾈﾁｪﾝｼﾞ	東証ｸﾞﾛｰｽ	情報・通信業	412	(09:10)	-18	-4.18%	100.3	41.894
20	4344/T	ｿｰｽﾈｸｽﾄ	東証ﾌﾟﾗｲﾑ	情報・通信業	208	(09:10)	-9	-4.14%	706.9	150.145

出所：松井証券「QUICK 情報」

候補にします。

◆株探の記事が便利

株探には「一般会員」と「プレミアム会員」の二通りあります。「一般会員」は無料で、「プレミアム会員」は有料です。

プレミアム会員向けの以下の記事が便利です。

寄前【板状況】〈材料株〉動向

気配値ランキング順に銘柄が掲載されているのですが、材料についても書かれています。

これを見れば、気配値の変動率がわかるし、その変動の要因となっている材料もわかるわけです。とても便利です。

CHAPTER 04

15 直近で株価が大きく動いた銘柄の中から監視銘柄を探す

寄り付き前には、直近で株価が大きく動いた銘柄の中からも、監視銘柄にできそうなものを探しましょう。

「材料や思惑で大きく動いた銘柄」「インパクトの大きい決算が出て大きく動いた銘柄」などの中から探します。

とくに、好材料が出て株価が大きく上昇した銘柄で、高値から数日かけて下がってきている銘柄は、監視銘柄になりそうかどうかよく見極めましょう。

材料が出て株価が大きく上昇した銘柄は、高値をつけた後に下がってきても、再び上昇していくことがあります。

この「再び上がっていくところ」を、デイトレードで狙っていくわけです。

うまく押し目で買えたら、持ち株の半分はデイトレードとしてその日のうちに利食いし、残り半分の持ち株はデイトレードからスイングトレードに切り替えて、大きな利益を狙ってもいいでしょう。

監視銘柄にするかどうかは板の気配値で判断します。

8時になると、板が稼働し始めます。前日の終値に対して、気配値の変動が大きい銘柄があれば、監視銘柄にします。

CHAPTER 04
16 【実例解説】ABEJA（5574）

直近で株価が大きく動いた銘柄を狙ったデイトレードについて、実例を使って解説しましょう。次ページのチャートは136ページや156ページでも取り上げたABEJA（5574）の5分足チャートです。

2025年1月27日に、投資家・トレーダーの注目度が高いテーマ「生成AI」に絡んだ材料が出て急騰しました。

2月3日に日足が下げ止まったような形になったので、スイングトレードで買いました。翌4日、寄り付きから上昇していくような値動きだったので、デイトレードでも買いました。株価は2600円台から2998円まで上昇しました。

このように、直近で大きく動いた銘柄が、再び大きく動くことはよくあることなので、儲けるチャンスを逃さないようにしましょう。

直近で大きく動いた銘柄を狙う！

ABEJA（5574）
5分足チャート

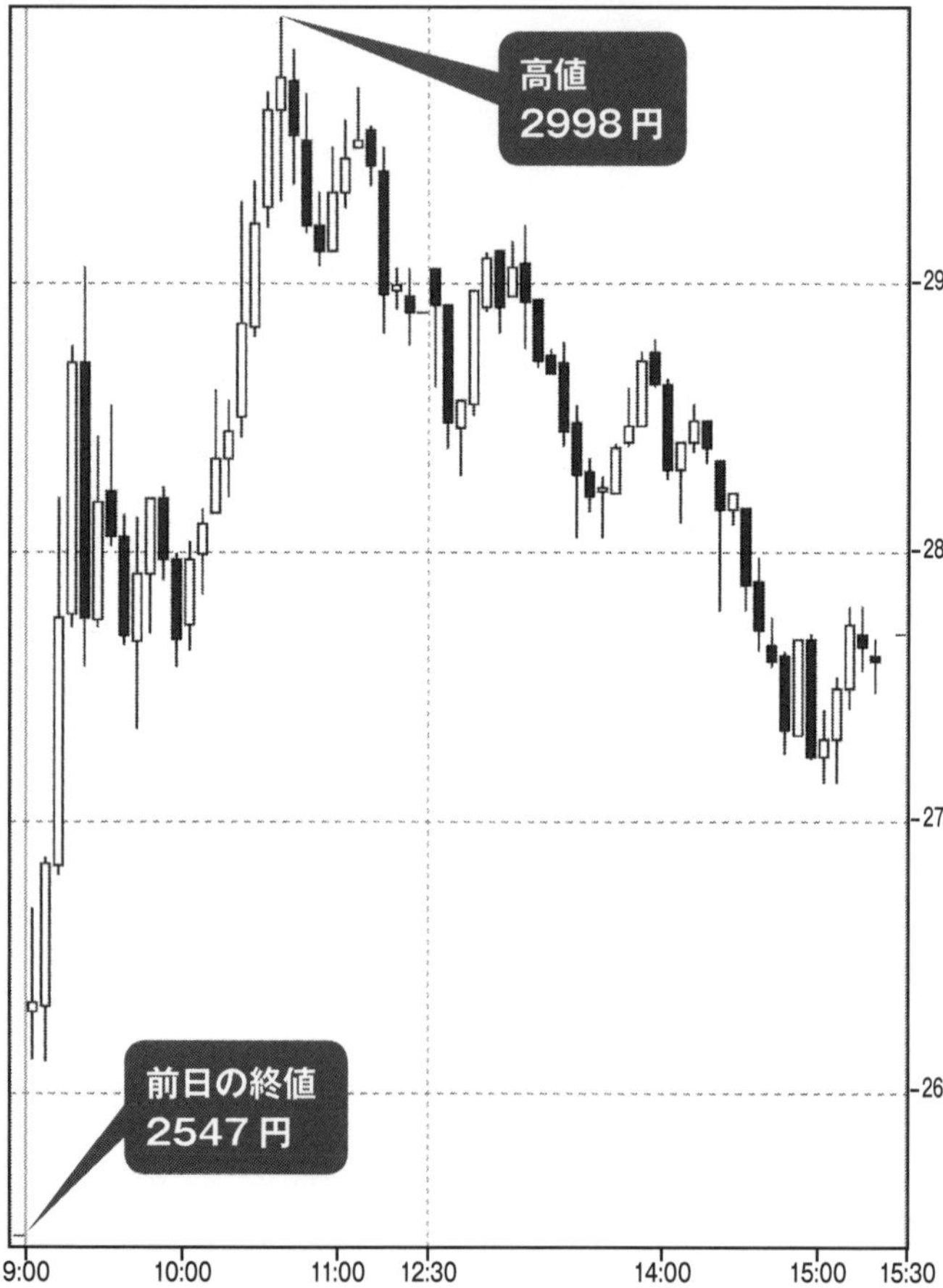

CHAPTER 04

17 取引時間中に監視銘柄を探す

この項目では、取引時間中（ザラ場）での銘柄選びについて解説していきます。

前日や寄り付き前と同様に、監視銘柄にできそうなものを探します。

◆騰落率ランキングにランクインしている銘柄の中から探す

まずは、騰落率ランキングにランクインした銘柄の中から、監視銘柄を探します。

騰落率ランキングは、値上がり率ランキングと値下がり率ランキングがありますが、どちらのランキングも見るようにしましょう。

市場ごとに分かれているランキングもありますが、私は全市場のランキングを見ています。

162ページで紹介した「基本的な条件」に該当する銘柄があれば、監視銘柄にします。

◆新たに材料が出た銘柄の中から探す

取引時間中に材料が出ることもあります。

時間に余裕がある時は、インパクトの大きい材料が出ていないかを調べます。

◆市況ニュースで取り上げられた銘柄の中から探す

証券会社が提供している市況ニュースや、インターネット上の市況ニュースにも目を通すようにしましょう。

当日のニュースで取り上げられた銘柄の中に、株価が大きく動きそうなものがあれば、監視銘柄にします。

◆Xで話題になっている銘柄の中から探す

取引時間中も、Xで話題になっている銘柄がないかを調べましょう。

材料が出た銘柄や、思惑で注目されているような銘柄を取り上げているアカウントもあります。

そこで取り上げられている銘柄の中に、株価が大きく動きそうなものがあれば、監視銘柄にします

◆決算内容のインパクトが大きかった銘柄の中から探す

取引時間中に決算を発表する企業があります。
時間に余裕があれば、決算内容を調べましょう。

取引時間中は監視銘柄を探すことに時間をかけられないことも多いので、探すところの優先順位を決めておきましょう。

優先順位は、騰落率ランキング、材料、市況ニュース、X、決算の順です。
騰落率ランキングが最優先です。

CHAPTER 04
18
全体相場が暴落している日も「旬の銘柄」を選ぶ

最後に、全体相場が暴落している日のデイトレードの銘柄選びについて解説します。

全体相場が暴落している日は、個別銘柄の多くが下落します。

買いで入る場合は、上昇傾向にある銘柄を選びましょう。

全体相場が暴落している日でも、上昇している銘柄があるものです。

その中から、旬の銘柄を選べばよいわけです。

実例を一つ紹介しておきましょう。

次ページのチャートは、フジ・メディア・ホールディングス（4676）の5分足チャート（※2025年2月3日）です。

185ページで「お祭り会場」「お祭り銘柄」としても取り上げた銘柄です。

この日は第2次トランプ政権による関税問題によって、東京株式市場は大きく下落して

全体相場が暴落している日に「お祭り」

フジ・メディア・ホールディングス（4676）
5分足チャート

始まりました。寄り付き直前の日経平均先物の値は、約１０００円下落していました。かなり大きな下落です。

しかし、フジ・メディア・ホールディングスは、前の週の終値に比べて79円高で寄り付きました。

寄り付き直後は少し下げたものの、再び上昇し始め、終値は３１５円高でした。

全体相場が下げている中、この銘柄だけは「お祭り状態」でした。

このように全体相場が暴落していても、上昇傾向を示す銘柄はいくつかあります。

その中から旬の銘柄を選びましょう。

CHAPTER 05

第5章

スキャルピングの銘柄選び

CHAPTER 05

01 スキャルピングでも「旬の銘柄」を選ぶ！

この章では、スキャルピングでの銘柄選びについて解説します。

スキャルピングとは、わずかな値幅を狙うトレードのことです。株価3ケタの銘柄であれば、数円の値幅を狙います。たとえば、株価500円の銘柄であれば、1～5円の値幅を狙います。

わずかな値幅を狙うので、1回のトレードで得られる利益はそれほど多くありません。そのため、トレードの回数を多くして稼ぐことになります。1日のトレード回数は人によって異なりますが、ほとんどの人は数十回です。多い人は100回以上です。

株を買ってから売るまでの時間は、ほとんどが数十秒から数分のトレードになります。場合によっては、数秒ということもあります。

このようなことから、スキャルピングでは数秒から数分で利益が出そうな銘柄を選ぶようにします。

では、どのような銘柄がよいのでしょうか？

ここでも、狙うのは「旬の銘柄」です。

「多くの投資家やトレーダーが注目している銘柄」です。

そして、株価が上下によく動く銘柄。

トレード回数を多くしなければならないので、株価が止まっている時間が長い銘柄は向いていません。小刻みでもよいので、頻繁に動いているほうがいいのです。

「旬の銘柄」の中には、上下によく動く銘柄があるので、それを狙います。

CHAPTER 05

02 スキャルピングにおける銘柄選びの基本的な条件

では、スキャルピングにおける銘柄選びの基本的な条件を解説していきましょう。

基本的な条件はデイトレードの条件と同じです。以下の二つです。

条件① 当日の値動きが大きい

条件② 板が薄くない

この二つは満たしておきたい条件です。

◆条件① 当日の値動きが大きい

一つ目の基本的な条件は「当日の値動きが大きい」ことです。

理由は「値動きが大きいと利益を得やすいから」です。

先にも述べた通り、スキャルピングではわずかな値幅を狙うのですが、だからといって、1日の値幅（安値から高値までの差）が数円だけでは、利益が出しにくいといえます。

しかし、1日の値幅が数十円あれば、数円の利益を狙いやすくなります。

当日の値動きが小さい銘柄でわずかな値幅を狙うのではなく、当日の値動きが大きい銘柄でわずかな値幅を狙うわけです。

◆条件② 板が薄くない

二つ目の基本的な条件は「板が薄くない」ことです。

板が薄くない銘柄を狙う理由は、トレードをしやすいからです。

スキャルピングの場合、トレードのタイミングを見極めて、「サッと買って、サッと売る」というトレードを繰り返します。

そのため、買いたいときに買えて、売りたいときに売れるように、板にある程度の株数の注文が出ていたほうがよいわけです。

また、「リスク面」でも板の厚さは重要になります。

165ページで述べた通り、板が薄い状態で「多めの投げ売り注文」が出ると、株価が大きく急落してしまいます。

これに巻き込まれてしまうと、大きな損失が出てしまいます。

スキャルピングは1回のトレードで得られる利益が小さいので、大きな損失を出してしまうと、取り戻すのが大変です。

そのため、急落しやすい板状況の銘柄は避けたほうがいいでしょう。

以上が、スキャルピングにおける銘柄選びの基本的な条件です。

CHAPTER 05
03
「旬の銘柄」で値動きが速い銘柄を選ぶ

「旬の銘柄」を選ぶ条件もデイトレードの条件と同じです。
以下の条件で選びます。

材料が出た(思惑も含む)
市場で注目を集めているテーマに絡んだ
決算内容のインパクトが大きかった
社会の出来事に絡んだ

これらの条件に該当して、投資家やトレーダーの注目を集めている銘柄を選びます。
デイトレードと少し違うのは、「値動きが速い」という条件も必要になることです。「投資家やトレーダーの注目を集めていて、なおかつ、値動きが速い」ということです。

先にも述べた通り、スキャルピングでは「サッと買って、サッと売る」というトレードを繰り返します。それも、1日数十回も繰り返すわけです。

そのため、値動きがゆっくりだと、やりにくくなってしまいます。

値動きが速ければ、「サッと買って、サッと売る」というトレードを、1日数十回も繰り返すことができます。

このようなことから、「旬の銘柄」でも値動きが遅い銘柄は避け、値動きが速い銘柄を選ぶようにしましょう。

CHAPTER 05

04

毎日同じ銘柄だけをトレードしてもよいのか？

デイトレードにおける銘柄選びの解説で、「毎日同じ銘柄だけをトレードするというやり方はおすすめしません」と述べました（※161ページ）。

たとえば、「毎日、レーザーテックだけをトレードする」「毎日、三菱重工業だけをトレードする」というようなやり方です。

おすすめしない理由は、値動きが小さい日もあるからです。デイトレードの場合、値動きが小さい銘柄だと、利益を出すのが難しくなってしまうからです。

だからこそ、毎日、同じ銘柄をトレードするやり方はおすすめしていないのです。

しかし、スキャルピングでは、毎日同じ銘柄だけをトレードしてもかまいません。

スキャルピングでも値動きが大きい銘柄のほうがやりやすいのですが、デイトレードほどには大きな値幅がなくてもかまいません。

そのため、同じ銘柄を毎日トレードしてもよいわけです。

一時、レーザーテックでスキャルピングをする人がけっこういました。あるトレーダーさんがレーザーテックでのスキャルピングを動画で紹介したからです。その動画に影響された人が、レーザーテックでスキャルピングをやりはじめたので、けっこういたわけです。今は少なくなりました。

最近では、ＩＨＩ（７０１３）、川崎重工業（７０１２）、三菱重工業などでスキャルピングをしている人がけっこういます。これも、あるトレーダーさんの影響でしょう。

もちろん、値動きが極端に小さい場合はやめたほうがいいでしょう。やりにくいからです。

売買代金の上位銘柄の中から、やりやすそうな銘柄を選びましょう。

CHAPTER 05

05

ＩＰＯ銘柄はスキャルピングに向いている

スキャルピングをやっているトレーダーに人気があるのは「ＩＰＯ銘柄」です。

ＩＰＯとはInitial Public Offeringの略で、未上場企業が株式を証券取引所に上場させることです。ＩＰＯ銘柄とは、そうして新規に上場された銘柄のことです。

値動きが大きくなりやすく、板も薄くないことが多いので、基本的な条件を満たしています。

新規に上場されるわけですから、「投資家やトレーダーの注目度」は間違いなく高いでしょう。「旬の銘柄」です。

上場されてから数日間は値動きが大きく、また速さもあるので、スキャルピングに向いています。

ただ、株価が乱高下することもあるので、トレードの難易度は少し高いといえます。注意して取り組んでください。

スキャルピングをやっているトレーダーの中には、ＩＰＯ銘柄を優先してトレードしている人がけっこういるようです。ＩＰＯ銘柄があれば、他の銘柄を探さず、ＩＰＯ銘柄だけをトレードしています。

上場日については、インターネットを使って「ＩＰＯスケジュール」というワードで検索すれば、一覧で紹介しているウェブサイトを見つけることができます。

二階堂重人

専業トレーダー。デイトレードやスイングトレードが中心。株、FXの双方で月間ベースでは8割以上という驚異の勝率を叩き出し、波乱の相場環境でも着実に利益を重ねている。著書は50冊以上、累計103万部。主な著書に、『眠れなくなるほど面白い 図解 株式投資の話』『最新版 これから始める株デイトレード』『株トレード 1億円を目指すチャートパターン』(日本文芸社)、『株は順張り!! 勝率8割以上の常勝トレーダーになる!』(standards)、『一晩寝かせてしっかり儲けるオーバーナイト投資術』(東洋経済新報社)、『株ブレイクトレード投資術 初心者でも1億円! 相場に乗って一財産築く、大勝ちの法則』(徳間書店)、『世界一わかりやすい! FXチャート実践帳 スキャルピング編』『世界一わかりやすい! FXチャート実践帳 トレンドライン編』『世界一わかりやすい! FXチャート実践帳 スイングトレード編』(あさ出版)、『株トレード カラ売りのすごコツ80』『株 デイトレードのすごコツ80』『FX デイトレードのすごコツ80』『最新版 株デイトレードで毎日を給料日にする!』『株スキャルピングで毎日を給料日にする!』(すばる舎)などがある。

【公式サイト】https:// 二階堂重人 .com
【X(旧:ツイッター)】@shigeto_nikaido
【note】https://note.com/shigeto_nikaido

常勝トレーダーの儲け続ける!銘柄選び大全

初版第一刷　2025年3月31日

著　者　二階堂重人
発行者　小宮英行
発行所　株式会社 徳間書店
〒141-8202 東京都品川区上大崎3丁目1番1号目黒セントラルスクエア
電話　【編集】03-5403-4350／【販売】049-293-5521
振替　00140-0-44392

印刷・製本　中央精版印刷株式会社

ISBN978-4-19-865996-7